D1666858

Rudolf Habringer/Thomas Bernhard seilt sich ab

Rudolf Habringer

Thomas Bernhard
seilt sich ab

Satiren
III

Revidierte Neuauflage 2008
Copyright © bei Buchverlag Franz Steinmaßl, A-4264 Grünbach;
alle Rechte vorbehalten, Nachdruck, auch auszugsweise,
nur mit schriftlicher Genehmigung des Verlegers gestattet.
Cover: Hannes Adam, Freistadt
Satz: margot.haag@pixeline.at
Gesamtherstellung: Buchverlag Franz Steinmaßl, A-4264 Grünbach
ISBN: 3-902427-48-5

Kapitel 1:
Thomas Bernhard seilt sich ab –
Eine Campaign in elf Stationen

Kapitel 2:
Das Rotkäppchendossier

Kapitel 3: Bekenntnisse, Blüten, Mutationen

Ein Fingerhut voll Sport ist besser als ein Eimer voll Tabletten.
Patrick Ortlieb, parlamentarische Protokolle.

Jodeln ist sehr schwer zu lernen.
Das ist irgendwo da drinnen.
Hier hinten, ganz hinten in der Kehle.
Hansi Hinterseer, Interview für zdf online

Thomas Bernhard seilt sich ab
Eine Campaign in elf Stationen

1. Station:
Thomas Bernhard wird gecastet
Aus dem Tagebuch des Papierarbeiters i. R. Karl Mugrauer:

5. 4. 2004
Wie das Leben so spielt. Vorige Woche bin ich praktisch auf der Straße (vor dem Gasthaus Danzermühl) angesprochen worden, ob ich nicht einmal bei der Filmproduktion *Schlosshotel Orth* mitspielen möchte. Heute war ich schon beim Casting eingeladen (Goldener Hirsch, Traunkirchen).
Saßen da drei freundliche Herren und eine Dame und stellten komische Fragen. Was ich bisher so gemacht habe. Ob ich den Schriftsteller Thomas Bernhard kenne. Wer kennt den nicht, habe ich gesagt, ich bin ja praktisch aus der Steyrermühl und habe den Herrn Bernhard auch ab und zu gesehen (Gasthof z' Ehrenfeld, Gasthaus Steyrermühl, Kaufhof Vöcklabruck). Ob ich auch schon etwas gelesen habe vom Bernhard, haben sie gefragt. Sicher habe ich gesagt, wer hat denn von dem noch nichts gelesen. Das ist schon länger her, da müsste ich zu Hause einmal nachsehen. Aber in Linz haben wir schon einmal etwas gesehen vom Bernhard (*Der Theaterdirektor,* oder so ähnlich. Wir waren anschließend im Klosterhof).
Ich habe gefragt, was der Thomas Bernhard mit dem *Schlosshotel Orth* zu tun hat. Keine Antwort. Habe ich noch im Raum auf und ab gehen müssen. Dann haben sie mich beleuchtet von vorn und von der Seite, dann habe ich eine Sonnenbrille aufsetzen müssen, dann habe ich husten müssen und immer *nicht, nicht* sagen. Das wars dann im Großen und Ganzen. Die Herrschaften haben gesagt, dass sie mir Bescheid geben werden.

19. 4.

Heute bekomme ich einen Brief von einer Castinggesellschaft, wo drinnen steht, dass ich in die *engere Auswahl* gekommen bin. Ich soll in der nächsten Woche an einen noch geheimgehaltenen Ort kommen und bis dorthin schauen, dass ich alles lese, was ich über Thomas Bernhard unter die Finger kriege. Na, die mit ihrer Heimlichtuerei, hat die Hilde gesagt. Sie war heute beim Seniorenturnen und hat dort verkündet, dass ich beim *Schlosshotel Orth* auftreten werde. Das ist doch geheim, hab ich gesagt, aber doch nicht in Laakirchen, hat sie gelacht. Sie hat in den letzten sechs Wochen schon vier Kilo abgenommen, allein mit dem Turnen. Ich habe nachgesehen, was wir vom Bernhard zu Hause haben. Viel ist es nicht. Einmal *Die Ursache*, da habe ich aufgehört zu lesen, das ist mir zu umständlich, dann *Der Stimmenimitator*, kurz und prägnant geschrieben, da kommt übrigens der Papierarbeiter Filzmoser vor: Ich habe beim Betriebsleiter gefragt, an einen Filzmoser kann er sich beim besten Willen nicht erinnern, ansonsten aber kurz und prägnant geschrieben. Und das *Kalkwerk* habe ich stehen. Da soll es angeblich um den Hof in Obernathal gehen. Voriges Jahr sind wir dort einmal vorbeigeradelt. Den bauen sie jetzt zu einem Museum um, lauter gescheite Herren aus Wien und Salzburg, Wissenschaftler. Alles, was vom Bernhard übriggeblieben ist, soll verwertet werden.

27. 4.

Gerade von der Geheimsitzung der Castingfirma nach Hause gekommen (Gasthof Schachinger, Reindlmühl). Es gibt eine gute Nachricht. Ich bin offenbar der Wunschkandidat der Firma. Wofür, haben sie noch nicht gesagt. Ja, es geht auch um *Schlosshotel Orth*, aber nicht nur. Ich habe noch einmal im Raum hin und her gehen müssen, sie haben eine Großaufnahme von meiner Nase gemacht, sie haben mich gemessen und gewogen. Sie haben gefragt, ob es mir möglich ist, in ein paar Wochen mehrere Kilo herunterzubringen. *Im Gesicht ist er ein bisschen füllig*, hat die Assistentin zu einem der Herren gesagt. *Is eh wurscht, sind eh schon über zehn Jahre her*, hab ich gehört. Auskennen ist etwas anderes. Ich habe aus einem Thomas Bernhardbuch etwas vorlesen müssen, aus *Frost*. Eine komische Geschichte, ich habe mich beim Lesen richtig abgehaut. Meint der leicht das Salzkammergut, habe ich gefragt. Die Herrschaften sind alle sehr ernst gewesen und haben nichts gesagt. Zum Schluss haben sie gesagt, dass ich Bescheid bekomme.

Zu Hause habe ich Hilde alles erzählt und gefragt, ob ich leicht dem Thomas Bernhard ähnlich schaue. Du schaust deinem Großvater ähnlich, das weißt du eh, hat sie gesagt. Und dass der Thomas Bernhard aber auch schon wirklich ganz anders ausgesehen hat.

30. 4.

Gestern ein überraschender Anruf, ich soll mich bereit halten. Heute haben sie mich nach Linz gebracht. Ich war in meinem Leben noch nie beim Landeshauptmann. Plötzlich habe ich eine Privataudienz. Alle tun geheimnisvoll. Der Artdirektor der Castingfirma geht mit mir, der Landeshauptmann hat einen Typen an seiner Seite, den ich vom Fernsehen her kenne. Ob man denn, wenn man beim *Schlosshotel* mitspielen will, neuerdings den Landeshauptmann fragen muss, frage ich scherzhaft. Keiner lacht. Es gehe um einen ganz besonderen Auftrag. Der Landeshauptmann schaut mir tief in die Augen und wippt ständig auf und ab. Immer wenn ich unseren Landeshauptmann so wippen sehe, denke ich, dass aus dem einmal ein ordentlicher Skispringer hätte werden müssen. Auf jeden Fall ein idealer Absprigger. Der Landeshauptmann murmelt etwas von Fremdenverkehr und Salzkammergut und ehrenvolle Aufgabe und Geheimhaltung. Das darf ich gar nicht alles aufschreiben. Nur so viel: Ich bin mit einem unterschriebenen Vertrag herausgegangen. Angeblich alles steuerfrei. Anschließend wird mir ein persönlicher Manager zugeteilt. Ein junger Mann mit einem Pferdeschwanzerl namens Erich René Swietly. Er ist Kulturmanager und wird mich in den nächsten Wochen betreuen, *coachen* heißt das. Mit dem Erich René bin ich zuerst einmal auf ein Bier in den Klosterhof gegangen. Ich hoffe nicht, dass ich einen Pakt mit dem Teufel geschlossen habe, habe ich gesagt. Wir kriegen das schon hin, hat der Erich René gemeint. Wir waren gleich per Du. Der Erich René hat vom Thomas Bernhard noch nichts gelesen. Wird er auch nicht machen, hat er gesagt, das ist nicht sein Job. Wir sind dann in seinem Wagen auf der Autobahn nach Steyrermühl zurückgefahren. In Lindach habe ich mir ein alkoholfreies Bier bestellen dürfen. Alkohol ist in nächster Zeit verboten. Gott sei Dank habe ich mit dem Rauchen schon lange aufgehört. Das habe ich nämlich alles in meinem Vertrag unterschrieben. Außerdem muss ich vier Kilo abnehmen.

2. Station:
Thomas Bernhard steht von den Toten auf
Sensationelle Rückkehr nach Österreich

Gmunden, Ohlsdorf. (Salzkammergut Rundschau, APA)
Die gesamte literarische Welt ist in Aufruhr: Mehr als fünfzehn Jahre nach seinem angeblichen Ableben wurde vor wenigen Tagen bekannt, dass der österreichische Schriftsteller Thomas Bernhard (1931–1989) im Sommer 2004 für wenige Wochen in seine ehemalige Heimat Oberösterreich zurückkehren wird. Bernhard, der

offiziell im Jahre 1989 in Gmunden verstorben und in Wien beigesetzt worden war, hatte sich, wie in einem Kommuniqué der oberösterreichischen Landesregierung mitgeteilt wird, 1989 aus „gesundheitlichen und künstlerischen" Gründen, wie es heißt, auf eine abgelegene Finca der Baleareninsel Mallorca zurückgezogen und dort seither seinen Lebensabend verbracht. Angeblich sind auf der Mittelmeerinsel auch eine Reihe von literarischen Werken entstanden, die bei Bernhards Rückkehr in die Traunseeregion der Öffentlichkeit vorgestellt werden sollen.

Bernhards Comeback gilt in der Fachwelt als Sensation, wenngleich auch sofort Zweifel am Wahrheitsgehalt dieser Meldung laut wurden. Laut Auskunft von Prof. Willi Obernosterer, einem der führenden Bernhardforscher des Landes, sei eine Rückkehr des Dichters schon deshalb „nicht zweckmäßig, da in der Zwischenzeit Bernhards ehemaliges Wohnhaus zu einem Museum, ferner eine eigene Forschungsstätte zur Bearbeitung des Nachlasses eingerichtet worden sei, und die reale Anwesenheit des Dichters im schlimmsten Falle zu unangenehmen atmosphärischen Störungen der wissenschaftlichen Arbeit führen könnte." Ob der Autor nach seiner Rückkehr nach Österreich die Aufhebung seines Testaments beeinspruchen wird, ist nicht bekannt. In seiner letzten Verfügung hatte Bernhard 1989 bekanntlich bestimmt, dass „kein Wort" aus seinem veröffentlichten und nachgelassenen Werk „aufgeführt, gedruckt oder auch nur vorgetragen" werden dürfe.

In ersten Stellungnahmen reagierten der oberösterreichische Landeshauptmann sowie der Tourismusverband Salzkammergut „mit Stolz und Freude darauf, dass einer der großen Söhne dieses Landes in die Heimat zurückkehren wird". Das kulturelle und eventmäßige Sommerprogramm der Salzkammergutregion soll 2004 ganz auf die Person des Heimkehrers ausgerichtet werden.

3. Station:
Thomas Bernhard erster Mallorcatext taucht auf

Aus den geheimen Akten des Tourismusverbandes Salzkammergut:

10. 5. Aktenvermerk

Heute Vorlage des ersten Entwurfes aus dem Textbüro. Beiliegend die Geschichte im Wortlaut.

Gmunden. Eine Abreibung.

Gmunden ist der schönste, gleichzeitig der schäbigste Ort, den ich je gesehen habe. Tatsächlich erschreckt mich diese Gegend, mehr noch die Stadt, die von ganz kleinen, älplerisch gedrungenen Menschen bevölkert ist, die man ruhig schwachsinnig nennen kann. Nicht größer als einen Meter sechzig im Durchschnitt torkeln sie durch die Gassen, bevölkern sie die Esplanade, im Rausch rund um den Liebstattsonntag erzeugt. Alle tragen sie genagelte Goiserer an den Füßen, alle tragen sie – auf Erlass des Bürgermeisters! – graue Filzhüte auf dem Kopf, bei Regen laufen ausschließlich alle Bewohner in diesen entsetzlichen grünen Wetterflecken herum. Ununterbrochen wird in dieser Stadt um Touristen gehechelt, ununterbrochen wird in dieser Stadt das Schauspiel von der Festspielstadt am Traunsee gegeben, das nichts anderes ist als eine verkommene und verlogene und aufgesetzte Provinzposse.

Jedes Wochenende machen sich die Gmundner scharenweise auf und klettern auf den Traunstein, kein Sonntag ohne Begehung und Erkletterung des Traunsteins, bei jedem Wetter, gnadenlos, eine Geisteshaltung, die naturgemäß regelmäßig zu verheerenden und letztlich letal endenden Katastrophen führt. Stellen Sie sich vor, jedes Wochenende ziehen Myriaden von Gmundnern los, um den Traunstein zu erklimmen, am nächsten Tag werden hunderte von ihnen als an- und also aufge-

schwemmte Leichen aus dem Traunsee gefischt, ganze Straßenzüge. *Im Sommer stürzen sie vom Traunstein, im Winter brechen sie durch das zu dünne Eis des Traunsees und ertrinken, oder werden, wenn sie sich bis ans andere Ende des Sees durchkämpfen, von den als gewalttätig bekannten Ebenseern erschlagen, eine unheimliche, eine brutale Gegend, in der Mord und Totschlag, Körperverletzung und Unzucht, Perfidie und Verschlagenheit ein grausames Regiment führen. Alles ist hier parteipolitisch, etwas anderes gibt es nicht, alle hier sind ausschließlich schwarz oder braun, entweder katholisch oder nationalsozialistisch oder beides zugleich, etwas anderes wird nicht geduldet. Selbst die Sozialisten, wenn sie existieren wollen, sind hier Nationalsozialisten, selbst die Evangelischen sind hier, wenn sie überleben wollen, katholisch. Der Gipfel der Infamie sind aber die jährlich stattfindenden Gmundner Festspiele! Ich sage Gmundner Festspiele, vom Frühjahr bis in den späten Herbst hinein hörst du in den Gassen und auf den Plätzen von Gmunden nichts anderes als von den Gmundner Festspielen, waren Sie auch schon bei den Gmundner Festspielen, das unendliche Geplärre rund um die Gmundner Festspiele, dieses Getue um die Gmundner Festspiele, das ganze Jahr über der Rummel um die Gmundner Festspiele! Leute, die Mozart nicht von Schönberg unterscheiden können, Leute, die glauben, dass Glen Gould eine australische Goldmedaillengewinnerin war, strömen nach Gmunden, um den Professor Buchbrindel spielen zu hören und glauben dann, bei einem Weltereignis dabeigewesen zu sein, Leute, die noch nie in ihrem Leben eine Zeile von Thomas Bernhard gelesen haben, strömen nach Gmunden, setzen eine angestrengte Festspielkunstmiene und also eine Lügenmaske auf und lauschen einer der hierorts epidemisch angewachsenen Berhardrezitationen eines abgetakelten angeblichen Großschauspielers.*

Weil man ihn an den großen Häusern nicht mehr spielen lässt, weil seine Stimme an den wirklich großen Sprechtheatern dieser Welt nicht mehr trägt, hat man ihn nach Gmunden geholt, rollt ihm den roten Teppich aus und lauscht dem verlogenen Schauspielgreis, der in seinem Leben noch nie etwas von Literatur begriffen hat und also auch in Zukunft nie etwas von Literatur begreifen wird. Jedes Sitzungszimmer, jeder Mehrzweckraum, jede Pfarrbücherei, jeder Sportsaal, jeder Musikprobenraum, beinahe jede Umkleidekabine im Großraum von Gmunden verwandelt sich zur Zeit der Gmundner Festspiele in einen Rezitationssaal für heruntergekommene und also am Ende ihrer Kunst angekommene Schauspieler, gleich ob in Altmünster, Winkl, Neukirchen oder Reindlmühl, das ist die Wahrheit. Und alle Zuhörer glauben, einem Weltereignis beizuwohnen, das in Wahrheit nichts anderes ist als eine Pensionsvorsorgetragödie für abgehalfterte Provinzmimen. Wer hier in Gmunden seinen Geisteskopf gegen eine durch und durch schwarze und bürgerliche und verlogene und geldgierige und kunstfeindliche und sich anbiedernde Gesellschaft hält, der hat bereits verloren und wird auf das Schonungsloseste niedergetreten. Seit einigen Jahren dieses unsägliche Schauspiel mit der Fernsehserie Schlosshotel Orth, drittklassige Schauspieler spulen an diesem erstklassigen Ort viertklassige Drehbücher ab, wofür sich große Schauspieler und Regisseure, die es wahrlich gegeben hat, aus Scham im Grab umdrehen würden, fünftklassige Lokalpolitiker drängeln sich als Statisten und Wasserträger gierig ins Bild, von Sizilien über Castrop-Rauxel bis nach Tromsö dringt ein verlogenes Heimatbild über die Bildschirme, wie wir es seit 50 Jahren nicht mehr gesehen haben, verlogen die Schauspieler, verlogen die Regisseure, verlogen die Drehbücher, verlogen die Gmundner Statisten, verlogen und vergewaltigt und naturgemäß zerstört die Naturkulisse. Anschließend tritt die gesamte Verlogenheitsgesellschaft vor den Vorhang, gratuliert sich zu diesem großartigen Ereignis und behängt sich gegenseitig mit Kulturverdienstmedaillen, der Landeshauptmann ein kleiner Schlossorthstatist, der Bürgermeister ein kleiner Schlossorthstatist, die Festspielpräsidentin eine Schlossorthstatistin, die miesen Schauspieler aufgebläht auf Weltgermteigformat. *So ist Gmunden und so ist es immer gewesen, dem Stumpfsinn sind immer alle nachgelaufen und dem Stumpfsinn laufen heute alle noch nach, der Geist ist hier immer mit Füßen getreten worden. Niemals, habe ich mir geschworen, soll diese Gmundner Gesellschaft, diese Gmundner Schlossorthperfidie mehr mit meinem Werk und also mit meinem Leben zu tun haben, jetzt kehre ich nach einer beinahe fünfzehnjährigen Nachdenk- und also Erholungspause an diesen Ort zurück, und sehe, dass in schamloser Weise ein testamentarischer Wille verletzt, ein Privathaus in obszöner Weise zu einem Museum, ein Lebenswerk zu einem Machwerk und also industriell genutzten Tourismusunternehmen heruntergewirtschaftet und in Festspielrosa eingefärbt wurde. Gschaftlhubernde Festspielpräsidenten, schwächelnde Schauspieler und Diven, mediengeile Politiker und eine geldgierige Bevölkerung, das ist Gmunden. Was bleibt, ist die Straßenbahn. Das ist alles, was von Gmunden bleiben wird.*

Aktenvermerk Tourismusverband Salzkammergut

Das von Thomas Bernhard verfasste Prosastück *Gmunden. Eine Abreibung* muss im Gesamten im Sinne unserer Absicht als nicht zweckdienlich und kontraproduktiv für die Idee, Touristen an unsere schöne Destination zu binden, angesehen werden. Angesichts der wirtschaftlichen Notwendigkeiten sieht sich der Tourismusverband außerstande, diese Textfassung zu akzeptieren und an die Öffentlichkeit weiterzuleiten. Um eine revidierte und korrigierte Fassung des Textes, die in ihren Eckdaten die wesentlichen Schwerpunkte der Salzkammergut-Touristik (Landschaft, Stadt, Festspiele, Schlosshotel) in ein positiveres Licht stellt, wird binnen Kürze gebeten. Unsere Entscheidung wird dem Texbüro zur Kenntnis weitergeleitet.

4. Station:
Thomas Bernhard fährt Straßenbahn und begegnet seiner eigenen Gedenkstätte

Großer Bahnhof in Gmunden
Thomas Bernhard besucht Gedenkstätte in Ohlsdorf

Gmunden, Ohlsdorf. (Salzkammergut Rundschau, APA) Wenige Tage nach seiner überraschenden Rückkehr aus dem mallorcinischen Exil trat der Dichter Thomas Bernhard Mittwoch vergangener Woche erstmals vor eine begeisterte Öffentlichkeit. Bernhard, der an einem nicht näher genannten Ort in der Nähe von Grünau untergebracht sein soll, traf zuerst am Bahnhof in Gmunden ein, wo er von einer hochkarätigen Delegation, bestehend aus einer Abordnung der Stadtgemeinde mit dem Bürgermeister an der Spitze, der Festspielpräsidentin, dem Generaldirektor der größten oberösterreichischen Bank und Vertretern des Tourismusverbandes Salzkammergut aufs Herzlichste begrüßt wurde. Zu den schmissigen Klängen der Stadtmusik setzte sich ein Konvoi der Gmundner Straßenbahn in Richtung Esplanade in Bewegung. Das letzte Stück zum Rathaus wurde dann in dem eigens zu diesem Anlass reaktivierten Mercedes von Thomas Bernhard, einem Ausstellungsstück des Bernhardmuseums, zurückgelegt. Hier zeigte sich Thomas Bernhard, der wegen einer Bindehautentzündung gezwungen ist, ständig eine dunkle Sonnenbrille zu tragen, erstmals der interessierten Bevölkerung, die in Scharen gekommen war, um den großen Sohn der Stadt zu begrüßen. Bernhard freute sich sichtlich über den freundlichen Empfang und signierte in einer Art improvisierter Autogrammstunde auch mehrere Exemplare seiner Bücher, die ihm aus der Menge entgegengehalten wurden. Im Rathaus trug sich Bernhard dann in das Goldene Buch der Stadt ein. Nach einem gemeinsamen Mittagessen setzte sich der Festkonvoi schließlich in Richtung Ohlsdorf-Obernathal in Bewegung, wo Bernhard erstmals seit seinem Tod im Jahre 1989 wieder einen Fuß in sein ehemaliges Wohnhaus, das heute als Gedenkstätte genutzt wird, setzte. Für die aus über 25 Ländern angereisten Journalisten drehte Bernhard schließlich eine kleine Runde mit dem Waffenrad. Am Rand des Besuches kam es auch zu einem kurzen Zusammentreffen mit dem ehemaligen Nachbarn Bernhards, dem Schweinezüchter Johann Maxwald. Anschließend unternahm Bernhard mit einer kleinen Runde von Begleitern einen Rundgang durch den Vierkanthof, den er als junger Dichter im Jahr 1965 erworben hatte, wobei er Angaben zufolge auch einige launige Bemerkungen zu verschiedenen Einrichtungsgegenständen des Hauses machte. Bernhards Gesundheitszustand wurde von einigen Anwesenden als „erstaunlich rüstig" bezeichnet. Wegen einer andauernden chronischen Heiserkeit steht der Schriftsteller allerdings nur in begrenztem Ausmaß und flüsternd für Gespräche zur Verfügung.

In einer Aussendung betonte der Landeshauptmann, der in Gmunden aus terminlichen Gründen persönlich nicht anwesend sein konnte, seine Freude darüber, dass es dem Land und dem Tourismusverband gelungen sei, diesen verdienstvollen Mann der Kunst nach Oberösterreich zurückzuholen. In einer Pressemitteilung bezeichnete der Generaldirektor der größten oberösterreichischen Bank Thomas Bernhard als einen „einmaligen Kulturträger mit internationaler Reputation", als Beispiel für die blühende kulturelle Entwicklung des Landes".

Mit einem Imbiss im Gasthof zu Ehrenfeld klang der Festtag aus. Laut Auskunft des Tourismusverbandes Gmunden sind in nächster Zeit einige Ehrungen Thomas Bernhards vorgesehen, die aber, so ein Sprecher des Verbandes, „im zumutbaren Rahmen für den Jubilar" bleiben sollten.

Aus dem Tagebuch des Papierarbeiters i.R. Karl Mugrauer:

20. 5.

Endlich geht es los. Hilde glaubt, dass ich nach München muss. In Wirklichkeit holt mich Erich René ab und wir fahren nach Gmunden, wo ich hergerichtet werde. Angeblich bin ich heute schwer erkältet und soll viel husten, die Leute sollen mir nicht zu sehr in die Nähe kommen. Die erste Fahrt mit der Straßenbahn nach über fünfzehn Jahren. Immerhin habe ich ja meinen letzten Text vor meinem Abtauchen nach Mallorca über die Gmundner Straßenbahn geschrieben. Die Fahrt ist nur für Pressevertreter, Prominente und mich. Der Herausgeber der Rundschau ist auch dabei. Die Journalisten liegen vor ihm im Staub, obwohl er nicht Landeshauptmann, sondern Bankdirektor ist. So ist das. Bevor es losgeht, hält er eine kleine Rede. Dass das Land und ganz besonders die Kultur und die Tradition und der größte Sohn der dichtenden Muse und das Pferd Pegasus und große Freude und so weiter. Und dass wir darauf einen Schluck Landessäure trinken müssen. Und er entpullt eine Flasche Most und lässt sie kreisen. Ich nehme einen Schluck, dann fährt die Straßenbahn an. Wir fahren hinunter bis zur Esplanade. Währenddessen spielt der Bankdirektor auf seiner Trompete, die er plötzlich hervorzieht, wie mir scheint, *Ich hatt einen Kameraden*, ich kann mich auch täuschen. Sie singen doch auch, fragt er, ich nicke vertragsgemäß. Weiterfahrt mit dem Uraltmercedes. Wundert mich, dass der noch angesprungen ist. An der Esplanade spricht der Bürgermeister von Gmunden, leicht nervös, wie mir scheint. Der Bankdirektor muss gleich weg, hat noch Termine, wir sehen uns noch, sagt er vertrauensvoll und drückt mir seine Visitenkarte in die Hand. Können Sie tarockieren, fragt er mich. Nein, Herr Bernhard spielt Watten, antwortet Erich René für mich, ich bin ja heiser. Fünf oder sechs Chefredakteure traben dem Bankdirektor hinterdrein. Einer der Herren trägt ihm die Trompete nach. Die Blasmusik von Gmunden spielt ein Ständchen, von der Marketenderin gibt es ein anständiges Schnäpschen. Unglaublich viele Leute, mehrere Fernsehstationen nehmen auf. Ich muss ein paar Bücher unterschreiben, mache meine Kraxe, das habe ich zu Hause geübt. Hinter der Absperrung entdecke ich meinen ehemaligen Arbeitskollegen Hufnagl Lois. Ich will schon auf ihn zugehen, Erich René hält mich am Rockzipfel fest. Ich heiße Thomas Bernhard, ich bin heiser und vertrage die Sonnen nicht auf meinen Augen, ich trage eine leicht geformte Nase, die Temperaturen bis 35 Grad locker aushalten soll. Wenn Sie einen Schnupfen bekommen, bekommen wir ein Problem, hat die Maskenbildnerin gesagt. Wundert mich eh schon die längste Zeit, dass mein Heuschnupfen nicht schon wieder zugeschlagen hat. Mittagessen im Seehotel Schwan, das Essen schwer in Ordnung, ich muss mich ein bisschen zurückhalten, ich soll ja nicht wieder zunehmen. Dann fahren wird ins Bernhardhaus. Der Bürgermeister und die Festspielintendantin begleiten mich. Die Intendantin drückt mir hart den Oberarm und lacht furchtbar herzlich. Sie freut sich außerordentlich, mich kennenzulernen, sie macht ja hauptsächlich meine Literatur hier bekannt, sagt der Bürgermeister und lächelt die Intendantin an. Sie erzählt, dass sie heuer wieder einige Kapazunder unter Vertrag genommen habe. Der Peymann komme wieder, auch der Beil, der Unseld ist ja leider nicht mehr, aber auch die Löffler habe zugesagt, und jede Menge Burgschauspieler. Als wir gerade am Milchhof vorbeifahren, frage ich, was die Herren so an Honorar einstreifen. Das interessiert mich wirklich. Ich muss meine Frage in einen Hustenanfall überleiten und bin ganz heiser. Erich René spricht für mich. Der Herr Bernhard wollte sagen, dass er sich ganz besonders freut. Und dass demnächst ein neuer Text aus seiner Mallorcazeit veröffentlicht wird. Ich nicke und bin ganz erstaunt. Der Erich René weiß wieder einmal mehr als ich. Wir kommen nach Obernathal, ein Bauer wird zu mir gebracht, ich muss ihm die Hand drücken, der Mann ist vor Dankbarkeit ganz gerührt. Für die Zeitung steige ich aufs Waffenrad, die Fotografen sind begeistert. Das Ganze strengt mich ziemlich an, ich werde schnell müde. Später nach Ehrenfeld auf eine Jause, die in Ordnung ist.

Abends todmüde nach Hause. Wie wars in München, fragt Hilde. Ziemlich heiß, sage ich. Die Haut an meiner Nase brennt. Die Maskenbildnerin hat mir den Gummi brutal heruntergerissen. Was ist mit dem *Schlosshotel* fragt Hilde.

5. Station:
Carlos Ignacio hilft Thomas Bernhard, den mallorcinischen Alltag zu bewältigen

Aus den geheimen Akten des Tourismusverbandes Salzkammergut:

28. 5. Aktenvermerk
Heute Vorlage eines neuen Textes. Es handelt sich um einen Auszug aus einem Tagebuch. Berhard hat offenbar in Spanien seit Jahren einen Freund und Gesprächspartner, der für ihn Dinge erledigt und mit dem er häufig Ausflüge unternimmt. Der Mann heißt Carlos Ignacio Ennet-Miró, ist Mallorcino, 1940 geboren, ursprünglich gelernter Lebensmittelgroßhändler (Zitronen), arbeitet derzeit als zweiter Hotelmanager im Hotel Belsana in Portocolom und handelt nebenbei mit Realitäten. Seit Mitte der neunziger Jahre ist er

angeblich mit Thomas Bernhard befreundet. Der Tagebuchausschnitt wird vorläufig nicht zur Veröffentlichung freigegeben. Beiligend der Text im Wortlaut:

Aus dem Tagebuch des Carlos Ignacio Ennet-Miró:

7. 8. 1999
Um 13 Uhr kam Thomas wie verabredet herunter ins Belsana. Wir fuhren nach Felanitx ins Bauhaus, um Beizfarbe für die neuen Stühle zu kaufen, die Thomas am Flohmarkt vergangene Woche in Manacor erstanden hat. Thomas kaufte auch gleich einen neuen Schlosseranzug. Seinen alten hat er sich vor zwei Wochen, als wir die Hirschgeweihe im Appartement umgehängt haben, an einem herausstehenden Nagel zerissen. Außerdem kauften wir Pinsel und eine Terpentinlösung sowie zwei schwarze Plastikeimer zum Auswaschen. Thomas erinnerte mich daran, dass ich nicht auf die Sonnenfinsternis vergessen soll. Ich weiß ein Plätzchen oberhalb der Cala Marçal, wo wir eine gute Aussicht haben werden. Mallorca wird allerdings nur im Halbschatten liegen. „Ein Leben lang schreibe ich über die Finsternis und jetzt rast die totale Finsternis erst wieder nur über Österreich", klagte Thomas, „und die nächste wird mich garantiert nicht mehr sehen." Vor dem Heimfahren tranken wir noch einen café solo, außerdem wollte Thomas unbedingt eine frische melón kosten, ließ aber dann doch fast die ganze Portion stehen. „Kein Geschmack, zu wässrig", meinte er. Um 15 Uhr 30 fuhren wir wieder los und machten einen kleinen Umweg über Santanyí, weil mir Gaspar Diel versprochen hatte, dass er uns die Abdeckfolien leihen würde. Gaspar war nicht zu Hause, aber Garage und Werkstätte waren offen. Die Abdeckfolien lagen bereit, wir ließen einen Zettel zurück.
Schon bei der Hinfahrt hatte Thomas über Halsschmerzen geklagt, weshalb ich vorschlug, nach Portopetro zu fahren, da gibt es einen deutsch-

sprachigen Arzt, der auch Neoangin hat. In Portopetro angekommen, stellte sich heraus, dass der Arzt noch geschlossen hatte, die örtliche Apotheke hatte natürlich nur spanische Pastillen. Thomas lehnte wie immer wortreich ab, in der Zwischenzeit kennen die Angestellten den Señor aus Österreich bereits.

Auf den letzten Kilometern hatte Thomas dann die Halsschmerzen schon wieder vergessen. Er erzählte mir, dass er vergangene Woche, als ihm an der Plaça des Marines in Cala Rajda seine Jacke gestohlen worden war, die Idee für ein neues Stück hatte. „Wird Zeit, dass ich den Peymann wieder einmal in einem Dramoletterl unterbringe", meinte Thomas, „der wird schon an Bühnenfigurentzugserscheinungen leiden". Aber dass ihn der Peymann ja noch gar nie besucht habe, warf ich ein. Das interessierte ihn nicht. Er werde sich demnächst an die Arbeit machen.

Gegen 18 Uhr kamen wir in seinem Appartement an. Thomas schlüpfte gleich in den Schlosseranzug, wir legten den Boden mit der Folie aus und beizten die Sessel ab. Zum Trocknen stellten wir sie auf den Balkon hinaus. Möglicherweise wird Thomas auch gleich die Wohnung umstellen. Um 21 Uhr 30 waren wir endlich fertig. Thomas wollte noch unbedingt eine Runde 17 und 4 spielen. Dazu war ich aber wirklich zu müde und fuhr nach Hause.

8. 8. 1999

Um 14 Uhr kam Thomas gutgelaunt zum Belsana herunter und erzählte, dass er noch in der Nacht mit dem neuen Stück begonnen hätte und alles sehr gut laufe. Mit der gestrigen Post sind die vier letzten Nummern der Salzkammergutzeitung gekommen. Das einzige, dass sich Thomas unter einer falschen Adresse aus Österreich nachschicken lässt. Einen Artikel zeigte er mir, ein gewisser Rupert Schermair aus Reindlmühl hat sich mit einem Schlachtschussapparat das Leben genommen. „Ein häufiger Name bei uns", erklärte mir Thomas, „und eine immer seltener werdende Form, sich das Leben zu nehmen", weil das Selber-Schlachten in den letzten Jahren ziemlich zurückgegangen sei. Heute erledigen das fast nur mehr die Schlachtbetriebe der größeren Fleischereien. Dann wurde Thomas kurz etwas sentimental. „Das einzige, was mir hier abgeht, sind die österreichischen Begräbnisse", sagte er mir, und dass er früher mit Vorliebe auf Begräbnisse gegangen sei. „Irgendeinen Angehörigen kennt man immer", sagte Thomas und erzählte mir von den Konduktsemmeln, die ein Begräbnis in Österreich zu einem unvergleichlichen Erlebnis werden lassen. Nach einer Viertelstunde war seine Laune vorüber und er begann mich zu hänseln, weil wir hier in Mallorca keine Konduktsemmeln hätten. „Jetzt würde ich gern in eine Konduktsemmel beißen", sagte Thomas dann und gab eine Kostprobe seiner Improvisationskunst. Eine halbe Stunde sprach er ohne Unterbrechung von Selbstmördern und Konduktsemmeln. Vielleicht gäbe es in Österreich deshalb so viele Selbstmorde, weil die Lust auf Konduktsemmeln so groß sei. Ohne Begräbnisse gebe es aber keine Konduktsemmeln. „Und weil die Österreicher so dumm sind, bringen sie sich um, weil sie, bevor sie sich umbringen, ja nicht darüber nachdenken, dass man nicht bei seinem eigenen Begräbnis dabei sein kann, folglich auch durch Selbstmord nicht in den Genuss einer Konduktsemmel kommt, außer vielleicht, wenn du in die Höll' kommst, vielleicht gibts da zum Einstand eine Konduktsemmel, eine ganz resche, frisch auf dem Höllenrost herausgebacken", so Thomas usw. Dann aßen wir ein paar tapas aus gefüllten Oliven, marinierten Sardinen und Anchovis und tranken ein Glas Wein dazu. Um 21 Uhr 30 brach Thomas auf. „Jetzt gehe ich mit dem Claus Peymann einkaufen", meinte er gutgelaunt und machte sich auf den Heimweg.

9. 8. 1999

Weil Thomas nicht ins Belsana herunterkam, bin ich gegen 14 Uhr zu ihm hinaufgegangen. Die Halsschmerzen sind zurückgekommen. Vor 17 Uhr konnten wir nicht nach Portopetro zum deutschen Arzt fahren, weil der bis dahin Siesta hält. Thomas hatte Bedenken wegen der Sonnenfinsternis. Sollten sich die Halsschmerzen nicht bessern, würde er wohl nicht mitkommen. Den frischen Wind an der Küste könne er nur mit einem gesunden Hals ertragen. Außerdem brauche er noch eine Sonnenfinsternisbrille. Wir fuhren in den Hafen hinunter, dort waren die Brillen bereits ausgegangen. Thomas sprach das Wort immer auf spanisch, gafas de sol, aus und redete ununterbrochen von verschiedenen Brillen: Kurzsichtbrillen und Weitsichtbrillen und bifokalen Brillen und Sonnenbrillen und Sonnenfinsternisbrillen und Mondfinsternisbrillen und sogenannten X-Ray Brillen, mit denen man angeblich durch die Kleidung hindurch einen Menschen nackt sehen kann. Wir tranken einen café solo, während viele leichtgekleidete Touristen vorbeischlenderten. „Jetzt eine X-Raybrille, und wir hätten eine gute Unterhaltung", sagte Thomas, meinte aber dann, dass die meisten Touristinnen ohnehin „so schiach" seien, dass sich das Hinschauen nicht lohne. „Die meisten möcht ich nicht einmal nackert sehen", sagte er. Um 16 Uhr 30 fuhren wir dann nach Portopetro und holten uns von Doktor Larasser die Neoangin. In einem Optikerladen bekamen wir schließlich auch noch die ersehnten Brillen für die Sonnenfinsternis. Ich brachte Thomas dann nach Hause, er wollte noch am Peymannstück weiterschreiben. Ganz traut er der Sonnenfinsternis doch nicht. „Wenn am Mittwoch die Welt untergeht und ich nicht mit der Arbeit fertig bin, das macht auch keinen guten Eindruck", meinte er.

6. Station:
Professor Willi Obernosterer reicht Thomas Bernhard die Keramik

An wissenschaftlicher Quelle
Thomas Bernhard Gast in der Bernhard-Forschungsstätte

Gmunden. (Salzkammergut Rundschau, APA)
Gemeinsam mit Prof. Willi Obernosterer, einem der profundesten Kenner des Werkes von Thomas Bernhard, besuchte der sich seit kurzem wieder im Land befindliche Dichter am gestrigen Dienstag die ihm gewidmete Forschungsstätte im Landschloss Orth. Prof. Willi Obernosterer, Verfasser einer germanistischen Habilitation über die Brillenproblematik in Bernhards Werken, informierte den Re-Immigranten über den Stand der Aufarbeitungsarbeiten Bernhards dichterischen Nachlass betreffend und überreichte dem Dichter anschließend eine originale Erinnerungsschale aus Gmundner Keramik. Bernhard revanchierte sich mit der Zurverfügungstellung eines im mallorcinischen Exil entstandenen Textes, über dessen Inhalt noch keine Einzelheiten bekanntgegeben wurden. Mit einer kleinen Schar von Wissenschaftlern, zu der sich schließlich auch noch Hofrat Dr. Herbert Wachmaier, seines Zeichens der bekannteste Bernhardkomparatist des Landes, gesellte, gab es einen kleinen Fototermin mit dem Traunstein im Hintergrund. Schließlich ging es mit dem Raddampfer *Gisela* quer über den Traunsee zur bekannten Jausenstation *Hoisnwirt,* wo der wissenschaftlich geprägte Tag seinen kulinarischen Ausklang erfuhr.

Aus dem Tagebuch des Papierarbeiters i. R. Karl Mugrauer:

4. 6.

Heute also der Tag im Landschoss Orth. Anstrengend, weil den ganzen Tag wieder die Presse dabei war. Höchste Konzentration. Angeblich hat sich Professor Obernosterer bis in die frühen Morgenstunden hinein strikt geweigert, mich treffen zu wollen. Völlig verbockt der Mann. Als es dann so weit war und die Fernsehkameras surrten, war er scheißfreundlich. Angeblich ist er vom Büro geschmiert worden. Dreimal sind sie mit der Summe hinaufgegangen, dann hat er eingewilligt. Er hat mir einen Teller aus Keramik geschenkt. Von diesen Dingern haben wir schon mehrere zu Hause stehen. Hilde wird eine Freude haben. Obernosterer hat mir dann die Handschriften gezeigt, viele Manuskripte, viel durchgestrichen, manches unleserlich. Seine Mitarbeiter haben nichts anderes zu tun als die ganze Zeit in diesen Papieren zu blättern. (Mit Ausblick auf den See!) Obernosterer hat mir dann erklärt, dass er persönlich nichts hat gegen mich, aber dass er mir als Germanist und Wissenschaftler noch immer skeptisch gegenübersteht. Er ist dann fast privat geworden und hat mir erzählt, dass es in Österreich eine Gruppe von etwa 125 Bernhardspezialisten gibt, die sich vor ein paar Tagen geheim in Telfs in Tirol getroffen haben, um die Lage zu beraten. Diese Wissenschaftler, die in Fachkreisen nur die *Bernhardiner* genannt werden, haben nichts anderes zu tun, als den internationalen germanistischen Markt mit Thomas Bernhard-Vorträgen und Beiträgen zu versorgen. Die kommen auf der ganzen Welt herum, auf Spesen versteht sich. In dieser Gruppe herrscht jetzt die Sorge, dass mit meinem Auftreten der Markt für Jahre versaut ist, so Obernosterer wörtlich. Und umsatteln auf ein anderes Thema geht auch nicht, die im Ausland wollen nur etwas über Bernhard, nichts aber über andere Literaten wissen. Das ganze Geld geht in die Bernhardgeschichten hinein, hat mir Obernosterer vertraulich erzählt, während wir in einem Fotoalbum geblättert haben, der Bernhard gehört zur sogenannten Repräsentationskunst, da hängen die Karrieren von unzähligen Beamten und staatlichen Germanisten dran. Deswegen ist Wien auch nicht damit einverstanden, was da jetzt in Oberösterreich so läuft. Wir können die Literaturgeschichte jetzt nicht mehr extra umschreiben, hat Obernosterer gesagt. Er ist mir dann direkt sympathisch geworden, weil er erzählt hat, dass er Fußball mag und ein Rapidfan ist. Ich wollte schon sagen, dass ich früher immer in der Steyrermühl auf den Sudererhügel gegangen bin, habe aber dann vertragsgemäß erzählt, dass ich ein, zweimal im Jahr auf Mallorca einen Stierkampf besuche und dass Mallorca außerdem in der ersten spanischen Division spielt.

Die Schifffahrt war in Ordnung, wäre es nicht zu einer Auseinandersetzung zwischen dem Obernosterer und dem Hofrat Wachmair gekommen. Die beiden haben sich vor mir schier übertrumpft, wieviel sie denn schon über mich geforscht hätten: Obernosterer über alle möglichen *Problematiken (Brillenproblematik bei Bernhard, Kleiderproblematik, Selbstmordproblematik, Frauenproblematik, Problematik der Topographie, Problematik des Humors, Problematik der Bernhardproblematik etc.)*, Wachmair ist ein ewiger Vergleicher. Es gibt nichts, womit er Bernhard nicht verglichen hat, hat er gesagt und eine Reihe von Namen auf mich runterprasseln lassen: *Bernhard und Goethe, B. und Stifter, B. und Aloys Blumauer, B. und Johannes Beer, B. und Strindberg,* wenn es sein muss, vergleicht er Bernhard auch mit solchen, mit denen der überhaupt nichts zu tun hat *(Marx, Jesus, Hitler)*. Der internationale Markt verlangt das, hat Wachmair zu mir gesagt, er ist mit seinen Vergleichen schon in neunzehn verschiedenen Ländern gewesen. Wachmair war ganz aufgeregt und völlig außer Puste und hat mir erzählt, dass er selbstverständlich alles von mir gelesen und dass er nur einen Wunsch hat, einmal im Leben mit mir im Café Brandl ein Frühstück einzunehmen, und zwar ein richtiges Frühstück, und unter Frühstück verstehe er ein englisches Frühstück mit ham und eggs, ich sei ja auch einmal in England gewesen usw. usf. Er war nicht mehr zu stoppen. Wachmair hat immer lauter geredet und dadurch geglaubt, er kann den Obernosterer auf diese Weise ausbremsen, der wiederum hat Wachmair gefährlich nahe an die Reling gedrückt. Ich war froh, als wir beim Hoisn waren. Die Jause war in Ordnung. Nachher sind die Herren mit dem Auto weg, Frühstück wird es keines geben, da musste Erich René den Hofrat Wachmair leider enttäuschen. Erich René hat mich nach Hause gebracht. Ich habe zwei Tage frei, morgen hat mein Schwager Schorschl seinen 65er, ich freue mich schon. Wir gehen kegeln.

7. Station:
Thomas Bernhards zweiter Mallorcatext taucht auf

Aus den geheimen Akten des Tourismusverbandes Salzkammergut:

9. 6. Aktenvermerk
Heute Vorlage einer zweiten, revidierten Fassung des *Gmundentextes*. Der Tourismusverband Salzkammergut hat die Veröffentlichung des Textes im Rahmen einer Folge der Serie *Schlosshotel Orth* einstimmig gebilligt. Der Wortlaut im Folgenden:

Gmunden. Eine Offenbarung.

Gmunden ist der schönste, gleichzeitig der vollkommenste Ort, den ich je gesehen habe. Tatsächlich beeindruckt mich diese Gegend, mehr noch die Stadt, die von großgewachsenen Geistesmenschen bewohnt wird, die man ruhig weltmännisch nennen kann. Alle tragen hier genagelte Goiserer an den Füßen, alle tragen hier – dem Bürgermeister sei Dank! – graue Filzhüte auf dem Kopf, bei Regen laufen ausschließlich alle Bewohner in diesen beeindruckenden, für diese Gegend typischen grünen Wetterflecken herum. Ununterbrochen wird diese Stadt von kunstsinnigen Menschen aus aller Welt besucht und bewundert, ununterbrochen verströmt diese Stadt eine Aura der Kunst, der Musik, der Literatur, ununterbrochen herrscht hier eine Atmosphäre der Leichtigkeit und der höchsten Konzentration auf die Kunst, ununterbrochen beherrscht diese Stadt die Kunst der allerhöchsten Kunstkonzentration, also die höchste Kunstkonzentrationskunst, die Festspielstadt am Traunsee ist für den Geistesmenschen nichts anderes als der Gipfel, der in der Kunst erreicht werden kann, das ist die Wahrheit.

Jedes Wochenende machen sich die Gmundner scharenweise auf und klettern auf den Traunstein, kein Sonntag ohne Begehung und Erkletterung des Traunsteins, bei jedem Wetter, beeindruckend, eine körperliche Geisteshaltung, die naturgemäß regelmäßig zu herausragenden und letztlich epochalen Gmundner Existenz- und Körperleistungshervorbringungen führt. Nichts ist hier, wie es anderswo ist, alles ist anders. Während anderswo wie überall in Österreich alles parteipolitisch ist, ist es in Gmunden so, als ob Gmunden nicht in Österreich läge. Während anderswo in Österreich alle ausschließlich schwarz oder braun, entweder katholisch oder nationalsozialistisch oder beides zugleich sind, wird diese Unkultur hier in Gmunden nicht geduldet. Selbst die Sozialisten, die woanders, wollen sie existieren, Nationalsozialisten sind, sind hier Sozialisten, selbst die Evangelischen, die woanders, wollen sie existieren, katholisch sind, sind hier evangelisch. Der Höhepunkt des Jahres sind aber die jährlich stattfindenden Gmundner Festspiele! Ich sage Gmundner Festspiele, vom Frühjahr bis in den späten Herbst hinein hörst du ein liebliches Raunen in den Gassen und auf den Plätzen von Gmunden, das dir Kunde von den Gmundner Festspielen bringt, die Wellen auf dem See schaukeln sanft die Geschichte von den Festspielen ans Ufer, die Schwäne erzählen sich die Geschichte von den Festspielen, die Keramikfiguren in den Schaufenstern flüstern sie sich geheimnisvoll zu, die Holzarbeiter vom Grünberg bei der Kasnockenjause, selbst die Kirchtürme werden nicht müde, mit hellem Klang von den Gmundner Festspielen zu künden.

Geistesmenschen aus allen Erdteilen, Kunstkenner als Musikspezialisten, Menschen, die Mozart von Schönberg zu unterscheiden wissen, Leute, die Glenn Gould noch persönlich gekannt haben, strömen nach Gmunden, um Professor Buchbrindel spielen zu hören, Anschlagexperten, die nach wenigen Takten erkennen können, ob Professor Buchbrindel diesmal der Prager- oder doch der Montrealinterpretation den Vorzug gibt. Menschen, die in ihrem Leben alles, aber auch alles von Thomas Bernhard gelesen haben, strömen nach Gmunden und lauschen den besten Bernhardrezitationen der weltweit besten Schauspieler. Großschauspieler, Rezitationsweltmeister, die an allen großen Häusern gespielt haben, geben Gmunden die Ehre ihrer Virtuosität, wobei das Publikum die Texte von Anfang bis Ende auswendig mitspricht, das ist die beeindruckende Wahrheit. Jedes Sitzungszimmer, jeder Mehrzweckraum, jede Pfarrbücherei, jede Sporthalle, jeder Musikprobenraum, beinahe jede Umkleidekabine im Großraum von Gmunden verwandelt sich zur Zeit der Gmundner Festspiele in einen Rezitationssaal für die naturgemäß größten und genialsten Schauspieler aus dem deutschen Sprachraum, aus Hamburg, Berlin, Wien oder Zürich.

Seit einigen Jahren prägt die Fernsehserie Schlosshotel Orth das Image dieser Region. Schauspieler der ersten, ja Schauspieler der höchsten Garnitur stellen sich mit dem Einsatz ihrer Körper- und Sprachkunst selbstlos in den Dienst der Kunst, von Sizilien über Castrop-Rauxel bis nach Tromsö gelangt ein Bild der Salzkammergutregion über die Schirme, wie wir es seit Erfindung des Fernsehens noch nicht gesehen haben. Erstklassig die Schauspieler, erstklassig die Regisseure, erstklassig die Drehbücher, erstklassig fotografiert die Gmundner Naturkulisse, die bloß erstklassig zu bezeichnen eine infame Untertreibung genannt werden müsste. Regelmäßig eilen der Landeshauptmann und seine Stellvertreter an den Traunsee, um nach Abschluss einer Sendestaffel Ehrungen zu vergeben und den Dank des Landes an die Schauspieler und die Filmfirma vorzunehmen, regelmäßig überreicht der Landeshauptmann dem Filmteam Goldene Verdienstzeichen und die Kulturmedaillen für die außergewöhnliche Werbewirksamkeit der Serie für den Tourismus der Traunseeregion.

So ist Gmunden und so ist es immer gewesen. Gmunden bedeutet hohe und höchste Kunstkonzentration und Kunstpräzision, etwas anderes wird hier nicht geduldet. Jetzt kehre ich nach einer beinahe fünfzehnjährigen Nachdenk- und also Erholungspause an diesen Ort zurück und sehe, dass in vorbildlicher Weise mein Privathaus zu einem Museum, mein Lebenswerk zu einem epochalen Werk ausgebaut und also der geistigen und wissenschaftlichen Nutzung zugeführt wird. Kunstsinnige Festspielpräsidenten, beeindruckende Schauspieler, umgängliche Politiker und eine herzliche Bevölkerung, das ist Gmunden.

Was einzig stört, ist der Zustand der Straßenbahn. Wie ich höre, hat auch hier der Um- und Ausbau bereits begonnen.

8. Station:
Thomas Bernhard spielt seine Schallplatten und begegnet den weinenden Frauen von Reindlmühl

Aus dem Tagebuch des Papierarbeiters i. R. Karl Mugrauer:

19. 6.

Gestern im ausgeräumten Feuerwehrdepot in Reindlmühl. Überall Lautsprecher und Verstärker, auf einer kleinen Bühne ein Plattenspieler und ein Tischchen. Du hältst den ganzen Abend konsequent den Mund und legst Platten auf, hat Erich René zu mir gesagt, alles andere geht dich nichts an. Es gibt da eine Frau Doktor Käthe Pölich aus Göttingen, die ihre Dissertation über Bernhards Plattensammlung geschrieben hat. Sie hat in seinem Nachlass gestöbert und ein genaues Verzeichnis seiner Noten angefertigt und als Buch herausgegeben. In ihren spärlichen Bemerkungen verwendet sei mehrmals das Wort *naturgemäß*, um sich bei Bernhard einzuschleimen. Bernhard hat seine Noten zum Teil auf dem Flohmarkt gekauft und möglicherweise überhaupt nie angeschaut, ist ja wurscht, die Frau Doktor Pölich aus Göttingen hat sich damit ihren Doktorhut erstudiert. Sie hat den Abend *Thomas Bernhard spielt seine Schallplatten* zusammengestellt. Ein Schauspieler zum Lesen von Texten war auch dabei, ein Burgschauspieler angeblich, ein extrem fauler Hund, wie ich gehört habe. Er ist angeblich so faul, dass er jemanden braucht, der ihm bei der Lesung auf die Stelle zeigt, die er vorlesen soll. Der Typ war dementsprechend nicht vorbereitet, sondern hatte seine Textzettel im Hotel vergessen. Er hat ununterbrochen von der Gage gesprochen, und dass er nach der Lesung noch heute Abend abreisen muss, weil er sofort nach Reichenberg an der Rax muss, wo er beim Sommertheater auftritt. Die

Frau Doktor Pölich war ziemlich beeindruckt von mir, obwohl ich kein Wort gesagt habe. Dass sie das noch erleben kann, hätte sie sich auch nicht träumen lassen, hat sie gesagt und dass sie hofft, dass sehr viele Leute kommen. Es waren so viele Leute da, dass das Feuerwehrdepot übergegangen ist und die Feuerwehr auch vor dem Depot noch Lautsprecher und Wirtshausbänke aufgestellt hat. Lauter Frauen, ausnahmslos, alle über fünfzig, ich übertreibe nicht, lauter Weibersleute, viel preußischer Zungenschlag. Die Männer waren bloß als Chauffeure ihrer Damen zugelassen und sind während der Veranstaltung im Gastgarten beim Schachinger gesessen. Die Veranstaltung hat erst begonnen, wie es finster geworden ist. Die Frau Doktor Pölich hat ein Einleitungsreferat gehalten, dass mir die Füße eingeschlafen sind. Immer auf ein Zeichen von ihr habe ich dann eine Platte auflegen und kurz anspielen müssen. Lauter klassische Sachen. Den Mozart kenne ich, habe ich bei der Probe zu René gesagt, aber das meiste andere sagt mir nichts. Ob das alle Platten sind, die der Bernhard in seinem Haus gehabt hat, weil ich höre gerne *Marianne und Michael, die Gebrüder Hofmann, die Paldauer* und solche Dinge. So was würde ich gerne auflegen. Hatte der Bernhard aber nicht im Angebot. Stattdessen haben wir die *Haffnersymphonie* von Mozart gespielt und was von der *Zauberflöte* und den Beginn der *Schicksalssymphonie* von Beethoven. Zwischen den Musikstücken hat der Schauspieler gelesen, sehr langsam, damit er sich nicht verliest, und mit ganz tiefer Stimme. Dazwischen hat er immer wieder auf die Uhr gesehen, ich habe das genau beobachtet. Beim Schubert hat es eine kleine Panne gegeben. Zuerst hat der Schauspieler die Stelle *Wir hassen das Forellenquintett, aber es muss gespielt werden* gelesen, und ich habe die Platte aufgelegt, naturgemäß, sage ich jetzt auch schon. Aber ich war noch nicht dran, die Lesung ging weiter, und schon wieder hat es geheißen *Wir hassen das Forellenquintett, aber es muss gespielt werden,* da habe ich die Platte wieder aufgelegt und es war wieder zu früh, die Frau Doktor Pölich hat mir einen giftigen Blick zugeworfen. Zum Schluss habe ich das *Ave Maria* von Anton Bruckner gespielt. Die Damen im Publikum haben direkt so ausgeschaut, als ob sie mitbeten würden. Es sind mehrfach Tränen geflossen. Anschließend habe ich Bücher signiert, reißender Absatz, die Buchhandlung in Gmunden hat sich wieder einmal saniert mit mir. Eine Oberstudienrätin aus Mannheim hat gefragt, ob ich auch einmal lese und mit heiserer Stimme habe ich ihr zugeflüstert, dass ich demnächst im *Schlosshotel Orth* auftreten werde. Die Studienrätin hat meine Hand genommen und ist vor mir in die Knie gegangen. Jetzt glaube ich erst, dass ich berühmt bin, habe ich zu Erich René gesagt, und er hat mir nicht widersprochen. Beim Heimfahren haben wir einen kurzen Umweg zur Fischbraterei am Traunfall gemacht, ich habe einen Gusto bekommen und zur Belohnung, weil alles so gut geklappt hat, einen Steckerlfisch gegessen. Die Frau Doktor Pölich wollte ja eigentlich mit mir Abendessen, wir haben aber sofort den Abgang gemacht. Auch der Schauspieler war gleich weg, nachdem er sein Honorar bekommen hat. In Reichenau gibt's wenigstens junge Hasen, hat er mir bedauernd zugeraunt. Die nächsten Wochen werden anstrengend, eine Veranstaltung nach der anderen. Als Höhepunkt des Kultursommers ist eine Besteigung des Traunsteins geplant. Ich bin erst ein Mal, und das vor vierzig Jahren, oben gewesen. Ohne mich, habe ich gesagt, da müsst ihr euch einen anderen suchen, aber Erich René hat gesagt, dass ich das im Vertrag mit unterschrieben habe. Vielleicht kann man im Programm was ändern, ich möchte nicht so gern auf den Traunstein aufsteigen als vielmehr einmal in einem richtigen Bordell absteigen, habe ich gesagt. Das wäre einmal etwas anderes, habe ich gesagt. Erich René hat gesagt, dass er auf diesem Niveau nicht mir mir diskutiert und Ende der Debatte. Er hat mir dann erzählt, dass der Hofrat Wachmair, möglicherweise aus Frust, weil ich seine Bitte, mit ihm zu frühstücken, abgeschlagen habe, vergangene Woche gleich dreimal im Café Brandl frühstücken war, und dort jedes Mal eine dreifache Portion englisches Frühstück verzehrt hat. Ob das ein Gerücht ist oder die Wahrheit, weiß ich nicht, die Wahrheit ist auch immer eine Lüge, wie die Lüge immer auch eine Wahrheit ist, würde der Bernhard wahrscheinlich sagen.

9. Station:
Claus Peymann besucht Bernhard, wird seiner Kleider beraubt und kauft sich ein Jackett

Aus den geheimen Akten des Tourismusverbandes Salzkammergut:

22. 6. Aktenvermerk
Heute Vorlage des Dramoletts *Claus Peymann wird seiner Kleider beraubt und kauft sich ein Jackett*. Der Tourismusverband Salzkammergut billigt einstimmig die Stückfassung und beschließt die Uraufführung im Rahmen des Traunsteinevents. Mit der inszenatorischen Abwicklung des Stückes wird in bewährter Weise die Crew von *Schlosshotel Orth* betraut:
Beiliegend die Textfassung:

Claus Peymann wird seiner Kleider beraubt und kauft sich ein Jackett

In Portocolom

PEYMANN *nachdem ihm in einem Straßencafé in Cala Millor auf Mallorca ein Sakko geklaut worden ist und er schließlich in Manacor fünfzehn Sakkos der Firma Zara probiert und schließlich zwei Sakkos gekauft hat, mit der Plastiktüte mit den zwei neuen Sakkos neben sich, in einem Strandcafé in Portocolom*
    Alles andere Bernhard als eine Rückkehr nach Österreich ist Unfug
    Österreich ist trostlos geworden
    Der Peymann sitzt in Berlin und der Bernhard ist weg
    Der Beil und der Schwab und die anderen leiden
    Die Dene und der Kirchner und der Voss
BERNHARD
    Der Voss
PEYMANN
    Der Voss auch
    Vor allem der Voss
    Österreich ohne Bernhard ist wie eine Rindsuppe ohne Einlage
    Das Burgtheater ohne Bernhard ist wie eine Rindsuppe ohne Fritatten
    Hat der Voss gesagt
BERNHARD
    Ich gehe nicht nach Österreich zurück
PEYMANN
    Ich fliege nach Mallorca
    Und schon am ersten Tag klaut mir jemand mein Jackett

BERNHARD
  Den Rock Peymann es heißt Rock
  Sie sind schon zu lange weg aus Wien
PEYMANN
  Mallorca wimmelt von Jackettdieben Bernhard
  Sie müssen schleunigst nach Österreich zurück
  Spanien hat die höchste Jackettdiebstahlsrate weltweit
  Jeden Tag ein geklautes Jackett
  Jeden Tag eine Jackettanprobe
  Das stehen Sie nicht durch
  Selbst Sie mit Ihrer Schriftstellerpension stehen das nicht
  durch
  In Österreich wird Ihnen das Jackett nicht jeden Tag ge-
  stohlen
  Wenn Ihnen in Österreich auch alles andere gestohlen wird
  Das Jackett wird Ihnen wenigstens nicht jeden Tag gestoh-
  len
BERNHARD
  Österreich kann mir gestohlen bleiben
  Ich gehe nicht zurück
PEYMANN
  Der Schwab schläft schlecht
  Der Beil leidet an Weinkrämpfen
  Die Dene erbricht angeblich häufig
  Der Voss kann sich nicht mehr richtig konzentrieren
BERNHARD
  Der Voss
PEYMANN
  Der Voss
  Der Voss probiert jetzt den Lear und bringt seine Rolle un-

unterbrochen mit dem Voss aus Ritter Dene Voss durcheinander

Eine Tragödie für einen Schauspieler

Österreich ist doch Ihre Leidenschaft Bernhard

Bernhard das Theater ist doch unsere Welt

BERNHARD

Meine Welt ist es nicht

Ich verabscheue das Theater

Sie lieben Österreich

Ich hasse es

Sie möchten zurück aufs Burgtheater

Ich möchte aufs Meer hinausschauen

Sie möchten das Rad der Zeit zurückdrehen

Ich lasse das Rad der Zeit laufen

Das ist der Unterschied

PEYMANN

Eine gute Rindsuppe Bernhard

Die wünsche ich jetzt

Eine richtig heiße österreichische Rindsuppe

In keinem Land der Welt

bekommen Sie eine bessere Rindsuppe als in Österreich
Bernhard

Spanien ist eine Rindsuppentragödie

Spanien ist eine Rindsuppengosse

Spanien ist die reine Rindsuppenapokalypse

BERNHARD

Ich gehe nicht zurück

Ich esse jetzt regelmäßig sopa de pescado

Das reicht

PEYMANN
　Wissen Sie was
　Wir gehen ins Carmen essen
　Und kommen auf andere Gedanken
Sie machen sich auf den Weg ins Carmen. Peymann trägt sein neues
Jackett.
　Ich finde das neue Jackett steht mir ausgezeichnet Bernhard
　Morgen Bernhard lasse ich mir mein Berliner Zweitjackett
　klauen und gehe noch einmal einkaufen Bernhard
　Die mallorcinischen Jacketts schlagen die Berliner um Län-
　gen
　Der Castorf neidet einem alles Bernhard
　Der Castorf wird sich giften
　Er wird sich vor Neid in den Hintern beißen
　wenn er mich in Berlin mit einem echten mallorcinischen
　Jackett sieht
Peymann und Bernhard betreten das Carmen, setzen sich und bestellen
beide eine sopa de pescado und schauen sich um
PEYMANN
　Wer ist denn das
BERNHARD
　Das ist der Inselpräfekt von Mallorca
　Ein alter Francofaschist
PEYMANN
　Und der
BERNHARD
　Der Kardinal von Mallorca
　Ein alter Faschist
PEYMANN
　Und der

BERNHARD
Der Besitzer der größten Hotelkette von Mallorca
Ein alter Faschist
PEYMANN
Die Suppe schmeckt ausgezeichnet
Bevor ich zurückfliege kaufe ich mir noch ein paar dieser
mallorcinischen Jacketts
Der Castorf wird Augen machen
BERNHARD
Peymann Sie sehen mir fehlt nichts
Und zum Nachtisch empfehle ich ensaimada
PEYMANN *löffelt die Suppe aus und ruft wie in einem plötzlichen*
Glücksgefühl aus
Dass ich das noch erleben darf
Dass ich das noch erleben darf
Das ist irre Bernhard das ist doch völlig irre

Vorhang

10. Station:
Thomas Bernhard tritt in *Schlosshotel Orth* auf

Aus den geheimen Akten des Tourismusverbandes Salzkammergut:

1. 7. Aktenvermerk

Das Treatment der *Schlosshotel Orth*-Folge mit Thomas Bernhard in
einer Gastrolle liegt vor und wird vom Tourismusverband einstimmig gebilligt. Beiliegend der Handlungsverlauf:

Schlosshotel Orth, Staffel 9, Folge 3: Dichter Sommer

In Gastrollen: Thomas Bernhard, Professor Willi Obernosterer, Hermann Beil, Claus Peymann

Nach einem Streit mit dem Germanisten Prof. Obernosterer taucht der Schriftsteller Thomas Bernhard überraschend im Schlosshotel auf und bezieht dort eine Einzelsuite. Obernosterer wollte Bernhard überreden, ein Stück für die Gmundner Festspiele zu schreiben. Bernhard möchte aber seine Ruhe haben und seinen Roman Goisern. Eine Vernagelung. zu Ende bringen. Niemand soll den Dichter im Hotel vermuten, Bernhard trägt sich daher unter dem Falschnamen Oskar Strauch ein und gibt an, Kunstmaler zu sein. Nur Felix Hofstätter ist eingeweiht. Er sichert Bernhard Anonymität und Diskretion zu. Bald schon schöpft Portier Schimek Verdacht. Professor Obernosterer sucht Bernhard verzweifelt und bekommt den Tipp, dass sich dieser in einer Jagdhütte am Laudachsee versteckt hält. Dort lernt Obernosterer, der seit mehr als 25 Jahren täglich im Laudachsee nackt badet, den Kunstpräparator Alexander Pichler kennen, den er bittet, mit ihm nach Bernhard zu suchen. Bernhard ist indessen beim letzten Kapitel seines Romanes angekommen. Es gibt allerdings einen Haken: Es will ihm kein Schluss einfallen. Außerdem verdreht ihm die hübsche Sekretärin Iris Baier den Kopf. Ständig sucht Bernhard einen Vorwand, um in ihre Nähe zu kommen. Heimlich trifft sich Alexander Pichler mit seiner Geliebten Ruth Hofstätter in der Jagdhütte zu einer Liebesnacht. Währenddessen treffen auch Claus Peymann und Hermann Beil auf der Suche nach Bernhard im Schlosshotel ein und nehmen sich ein Zimmer, nichts ahnend, dass Bernhard bereits im Hotel wohnt. Peymann verliebt sich augenblicklich in Ruth Hofstätter und Iris Baier, kann sich aber noch nicht entscheiden. Hermann Beil verliebt sich in Schimek, wagt es aber nicht, sich diesem zu eröffnen. Iris, die eine heimliche Spielerin ist, geht mit Bernhard, der noch immer an einer Schreibhemmung leidet, ins Casino. Bernhard vertraut ihr den gesamten Vorschuss an, den er für den Roman erhalten hat, „weil es eh schon wurscht ist", so Bernhard. Iris setzt alles auf Rot, aber Schwarz gewinnt. Professor Obernosterer erfährt, dass er an Hautkrebs erkrankt ist. In seiner Verzweiflung beschließt er, sich nachts im Laudachsee zu ertränken. Als sich Obernosterer ans Werk machen will, wird er zufällig Zeuge eines nächtlichen Treffens von Alexander Pichler und Ruth Hofstätter hinter der Jausenstation am Laudachsee. Obernosterer informiert Felix Hofstätter umgehend über diesen Fehltritt seiner Frau. Zufällig wird Peymann Zeuge dieser Szene, der nun weiß, dass es bei Ruth zwecklos ist. So entscheidet sich Peymann für Iris. Iris und Thomas Bernhard beschließen nach dem katastrophalen Casinobesuch, Geld aus der Hotelkasse zu borgen, um das verlorene Geld wieder zurückzugewinnen. Hermann Beil gesteht Schimek seine Liebe, Schimek berichtet Beil über den seltsamen Kunstmaler, der noch keine Sekunde gemalt hat. Felix Hofstätter und seine Frau Ruth beschließen, sich aufgrund der Vorfälle vorläufig zu trennen. Felix entdeckt, dass jemand Geld aus der Hotelkasse genommen hat. Es ist aber zu spät. Iris und Thomas Bernhard fahren wieder ins Casino, Iris setzt alles auf Schwarz, aber diesmal gewinnt Rot. Alles fliegt auf. Felix möchte zur Polizei gehen, Thomas Bernhard stellt sich für eine Benefizlesung zur Verfügung, für die er eine Hommage an die Schönheit von Gmunden verfasst. Endlich haben auch Peymann und Beil Bernhard entdeckt, Obernosterers Hautkrebs stellt sich als Irrtum und bloß als gefährlicher Sonnenbrand heraus. Peymann entschließt sich, doch um Ruth zu werben, eine Spielerin wie Iris könnte ihn in den Ruin treiben. Beil und Schimek beschließen heimlich zu heiraten. Die Benefizlesung von Bernhard vor der vollzählig versammelten Stadtprominenz wird ein Riesenerfolg, der gesamte Schuldenberg, den Iris angehäuft hat, kann abgezahlt werden. Felix verzeiht seiner

Sekretärin Iris und entscheidet sich auch privat für sie. Seine Frau Ruth entscheidet sich für Alexander Pichler. Peymann entscheidet sich letztendlich für die Präsidentin der Gmundner Festspiele, die er bei der Benefizlesung kennenlernt. Bernhard aber bleibt allein und reist mit unbekanntem Ziel ab.

Aus dem Tagebuch des Papierarbeiters i. R. Karl Mugrauer:

30. 7.

Gestern letzter Drehtag. War eine interessante Erfahrung, die ich nicht missen möchte. Die Region und das Land Oberösterreich zahlen pro Staffel 750.000 Euro, habe ich gehört. Und ich habe geglaubt, ich zahle Fernsehgebühr und damit zahlen sie das Programm. Irrtum, sie brauchen auch ein bisschen Steuergelder. Das rentiert sich aber alles, habe ich gehört. Umwegrentabilität. Die Preußen kommen in Scharen nach Gmunden und suchen das *Schlosshotel*, das es gar nicht gibt. Dann füttern sie die Schwäne an der Esplanade und fahren wieder ab. Und lassen angeblich viel Kohle da. Die Verpflegung beim Dreh war die beste, die man sich vorstellen kann. Habe in den Pausen viel mit den Schauspielern gesprochen. Dass die Drehbücher so grottenschlecht sind, dass ihm das aber egal ist, solange die Gage stimmt, hat mir einer vertraulich gesagt. Meine Hilde findet die Geschichten gar nicht so übel, habe ich mir gedacht. Ich habe aber nichts sagen können, hier halten mich ja alle für den, den ich im Film spiele. Am letzten Tag hat es noch einen Riesenwirbel gegeben. Im Hof des *Schlosshotels* hatte ich eine kurze Szene mit Jenny Jürgens, sie spielt die Ruth Hofstätter. Sie ist durcheinander, weil ihr Mann mit der Sekretärin geht, ich tröste sie und rate ihr zu Alexander Pichler. Angeblich habe ich sie dabei sexuell belästigt. Sie hat behauptet, dass ich ihr auf den

Hintern gegriffen habe. Ich habe gesagt, dass ich sie nur getröstet habe. Der Aufnahmeleiter ist fuchsteufelswild geworden und hat geschrien, dass er mich schon längst hinausgeworfen hätte, wenn nicht der letzte Drehtag wäre. Angeblich habe ich bei den Aufnahmen im Casino auch die Schauspielerin Susanne Knechtl (Iris Baier) sexuell belästigt. Wir sind sehr nahe beinander am Casinotisch gesessen, sie hatte ein sehr kurzes Rockerl an, ich habe mein Hand einmal sehr kurz auf ihren Oberschenkel gelegt. Sie ist ganz fuchtig aufgesprungen, es war aber ein Irrtum. Ich habe im Drehstress ihren Oberschenkel mit dem meinen verwechselt, wir haben das klären können. Aber gestern haben sie mir diese Sache wieder gerieben. Egal, vorbei. Erich René hat die Sache für mich ins Reine gebracht, wir sind dann gefahren und nicht mehr zur Abschlussparty gegangen. Schade eigentlich, in meinem Alter hat man nicht mehr alle Tage die Gelegenheit, mit so jungen Frauen in Kontakt zu kommen. Ich habe deshalb auch meine Idee mit dem Bordell noch einmal vorgebracht, Erich René war wieder nicht begeistert. Am nächsten Sonntag soll ich tatsächlich auf den Traunstein steigen, ich habe schon geträumt, dass ich abstürze. Wäre natürlich ein Wahnsinn, jetzt, wo sie mich so gut bezahlt haben, das Geld liegt nämlich schon auf dem Konto.

11. Station:
Thomas Bernhard seilt sich ab

Kulturevent auf dem Traunstein
Gmunden erwartet Höhepunkt des Bernhard-Sommers

Gmunden. (Salzkammergut Rundschau, APA)
Auf einen neuen Höhepunkt steuert am nächsten Wochenende der diesjährige Thomas Bernhard-Sommer in Gmunden zu. Der seit mehreren Wochen in der Region weilende Dichter wird dabei mit einer großen Schar Kunstinteressierter den Traunstein besteigen, wo ihm und den zahlreich erwarteten Ehrengästen ein Megakulturevent vom Feinsten geboten werden wird. Nach Stuntvorführungen der Gmundner Bergrettung, einem Auftritt des beliebten Sängers Hansi Hinterseer sowie einer Kurzfassung der Goldbergvariationen durch den Pianisten Professor Albert Buchbrindel erwartet die Berggäste die Uraufführung eines Stückes, das Bernhard druckfrisch aus seinem Exil in Mallorca mitgebracht hat. Schauspieler der beliebten Fernsehserie *Schlosshotel Orth* werden dabei die Parts von Claus Peymann (der Wahlgmundner Albert Fortell) und Thomas Bernhard (der beliebte Schimek der Serie, Hans Kraemmer) übernehmen. Der derzeit in Berlin wirkende ehemalige Burgtheaterdirektor Peymann wird persönlich nach Gmunden eilen und kündigte seine Traunstein-erstbesteigung an. Peymann erklärte, was die Region bisher in Sachen Bernhardpflege geleistet habe, sei „gigantisch", diese Uraufführung am Berg sei „aber zweifellos der Gipfel". Damit es auf dem Berg nicht zu Engpässen kommt, werden die Kulturfreaks den Traunstein in Form einer Sternwanderung erklettern und von sämtlichen möglichen Routen aus in Angriff nehmen. Thomas Bernhard, der das siebzigste Lebensjahr längst überschritten hat, wird es sich nicht

nehmen lassen, selbst auf den Berg zu gehen. Auch die Landeshauptmänner von Oberösterreich und Kärnten, sowie der HBP und führende Spitzen aus Wirtschaft und Bankwesen haben ihr Kommen zugesagt. Sie werden per Hubschraubershuttle auf den Berg gebracht werden.

Aus dem Tagebuch des Papierarbeiters i. R. Karl Mugrauer:

7. 8.
Hostal Pontas, Cala Figuera, Mallorca. Vor mir eine kühle Sangria, vor mir eine traumhafte Aussicht auf das Meer. Hilde macht bereits einen ersten Bummel durch das Dorf. Es hat geklappt! Zu Erich René habe ich gesagt, wenn wir nicht alleine gehen, gehe ich überhaupt nicht. Er hat zugestimmt, damit war die Falle zu. Gegen vier Uhr sind wir aufgebrochen. Noch niemand auf den Beinen. Ich habe gesagt, wir nehmen den Naturfreunde-Steig, am Parkplatz am Ende der Traunsee-Ostuferstraße sind wir weggegangen. Ich habe dem Erich René gesagt, er soll sein Tempo gehen, beim Einstieg in den Steig warte ich auf ihn. Schon vor der Jausenstation Moaristidl habe ich ihn abgehängt und bin davongezogen. Anstatt Richtung Naturfreunde-Steig hinunter zum Miesweg. Ich habe den Erich René noch rufen hören, da war ich schon weg. Das Boot hat unten bei den Steganlagen gewartet, dann ging es hinüber nach Altmünster. Die Nase habe ich mir heruntergerissen und in den See geschmissen. In der Nähe der Bräuwiese sind wir ans Ufer. Ein letzter Blick zurück zum Berg, noch keine Spuren von den Massen. An der Autobahnstation Lindach haben wir gefrühstückt, weil noch genug Zeit war. Kurz vor sieben waren wir in Hörsching. Hilde hat schon gewartet. Einchecken, Abflug, alles bestens. Auch das Frühstück im Flugzeug war in Ordnung. Ich habe ein kleines Bier ge-

trunken. Wahrscheinlich suchen sie schon fleißig. Geht mich nichts mehr an. Die sollen mich. *Lex mihi ars* heißt das auf lateinisch, hat mir der Erich René erklärt. Kreuzweis.

Katastrophe auf dem Traunstein
Thomas Bernhard abgängig

Gmunden. (Salzkammergut Rundschau, APA) Ein tragisches Ende nahm am Sonntag die mit viel Spannung erwartete Besteigung des Traunsteins durch den Dichter Thomas Bernhard. Der Dichter, der gemeinsam mit seinem Begleiter, dem Kulturmanager Erich René S., den Aufstieg in den frühen Morgenstunden in Angriff genommen hatte, kam offenbar schon sehr früh vom Weg ab und gilt seither als am Berg verschollen. Da sein Begleiter geglaubt hatte, Bernhard sei alleine vor ihm den sogenannten Naturfreunde-Steig zum Gipfel hinaufgegangen, war lange kein Alarm geschlagen worden. Erst als nach und nach viele Traunsteinkletterer und zahlreiche Prominente, unter ihnen auch 125 staatlich akkreditierte Bernhardforscher, der Privatgelehrte Karl Ignaz Hennetmair und die geschlossen angetretene Schauspielerriege der IGRBI (Internationale Gesellschaft rezitierender Bernhardinterpreten) beim Gipfelkreuz eingetroffen waren, wurde das Fehlen des Dichters bemerkt. Im Rahmen einer großangelegten Suchaktion wurde in der Nähe des beliebten Miesweges eine Sonnenbrille der Marke Carrera gefunden, die möglicherweise zu den Ausrüstungsgegenständen des Vermissten gehörte. Da der Miesweg ein Stück direkt am See entlang führt, wurde von Tauchern auch der Uferbereich nach dem abgängigen Dichter abgesucht. Das Fest auf dem Gipfel, das bereits in Gange war, wurde nach den Darbietungen des Sängers Hansi Hinterseer, aus Pietätsgründen, wie es hieß, abgebrochen. Ob Bernhard in eine der unwegsamen Schluchten nahe des Sulzkogels oder aber in den Traunsee gestürzt ist, kann nach Auskunft der örtlichen Sicherheitsorgane weder bestätigt noch dementiert werden. Am Rande der Geschehnisse kam es zu einem weiteren Zwischenfall, als der bekannte Regisseur Claus Peymann seinen Versuch, den Traunstein am sogenannten Hernler Steig zu bezwingen, in einer steilen Flanke knapp unter der Gmundner Hütte abbrechen musste. Peymann, der als nicht schwindelfrei gilt, wurde mittels eines Hubschraubers aus der Wand ausgeflogen. In einer gemeinsamen Stellungnahme bedauerten der oberösterreichische Landeshauptmann und der ebenfalls anwesende Bundespräsident der Republik Österreich das Verschwinden des für seine Region so eminent bedeutsamen Dichters und hofften auf ein vielleicht doch noch glückliches Ende der Suchaktion. Die IGRBI (Internationale Gesellschaft rezitierender Bernhardinterpreten) drückte in ihrer Aussendung ebenfalls ihr tiefes Bedauern über den möglichen Verlust des Vermissten aus, betonte aber gleichzeitig, dass die Mitglieder der Gesellschaft sofort und unverzüglich in der Lage wären, rezitierende Aufgaben wahrzunehmen und somit den Gmundner Festspielsommer zu retten. Die Wichtigkeit Thomas Bernhards wurde zwar eingeräumt, im Notfall müsste aber auch Bernhard ohne Bernhard möglich sein. Der bekannte Bernhardkomparatist Hofrat Herbert Wachmair wies in seiner als Nachruf gestalteten Pressekonferenz im Café Brandl auf die unterschätzte Gefährlichkeit des Traunsteins für Dichter hin und erinnerte in diesem Zusammenhang an Nikolaus Lenau, der wenige Jahre nach der wiederholten Besteigung des Gmundner Hausberges mehrere Selbstmordversuche begangen hatte und anschließend wahnsinnig geworden war.

Epilog

Zweifel an der Existenz von Thomas Bernhard
Rätselhafte Geheimpapiere aufgetaucht

Gmunden. (Salzkammergut Rundschau, APA)
In den letzten Tagen häuften sich Gerüchte, wonach es sich beim immer noch als verschollen geltenden Dichter Thomas Bernhard möglicherweise nicht um den angeblich seit seinem Tod auf Mallorca zurückgezogen lebenden Dichter Thomas Bernhard, sondern um einen aus der Gegend stammenden Doppelgänger handeln soll. Aus gut unterrichteten Kreisen wird kolportiert, dass ein Sitzungsprotokoll des Tourismusverbandes Salzkammergut mit einem Geheimplan aufgetaucht ist, wonach der tote Dichter Bernhard aus Gründen der Forcierung des Fremdenverkehrs wiederbelebt werden sollte. Der Tourismusverband hatte im letzten Jahr mit dramatischen Buchungsrückgängen und zahlreichen Insolvenzen zu kämpfen gehabt. Von dem Geheimplan waren angeblich nur wenige Personen, unter ihnen der Landeshauptmann, unterrichtet gewesen. Beim Darsteller und angeblichen Doppelgänger Thomas Bernhards handelt es sich unbestätigten Angaben zufolge um den pensionierten Papierarbeiter aus Laakirchen Karl M. M. ist derzeit unbekannten Aufenthalts und konnte zu den Vorwürfen noch nicht befragt werden. Die Geheimprotokolle beinhalten angeblich auch Hinweise darauf, wonach auch der Halbbruder von Thomas Bernhard, Dr. Peter F., schon vor Jahren, kurz bevor das Testamentsverbot Bernhards aufgehoben wurde, durch einen Doppelgänger ersetzt und „möglicherweise auf die Balearen abgeschoben worden" ist. Bernhards Bruder hätte nämlich, so wörtlich im Protokoll, „einer Aufhebung der Testamentsbestimmungen niemals zugestimmt." Bis zu einer tatsächlichen Überprüfung dieser Hinweise erfolgen diese Angaben ohne Gewähr.

Das Rotkäppchen-Dossier

Rotkäppchen kennt jeder. Weniger bekannt ist, dass sich schon immer AutorInnen verschiedener Epochen an diesem Stoff versuchten. Wir haben geforscht, gesucht, gegraben, in Vor- und Nachlässen geschnüffelt. Und sind fündig geworden. Lesen Sie im folgenden Abschnitt: Alles über Rotkäppchen. Was Sie bisher nicht zu ahnen wagten. Von Ingeborg Bachmann bis Felix Salten, von Johann Wolfgang von Goethe bis Hansi Hinterseer.

Rotkäppchen und die Huldigung der Magier[1]

1 Da aber erschienen Magier aus dem Morgenland 2 und sagten: Wo ist der neugeborene König? Wir haben nämlich den roten Halbmond mit einem Käppchen bei seinem Aufgang gesehen und sind gekommen, ihm zu huldigen. 3 Als das der König Herodes hörte, erschrak er und die ganze Stadt mit ihm. 4 Herodes nämlich war ein Wolf. 5 Da befahl Herodes die Magier heimlich zu sich und fragte sie nach der Zeit, wann der Halbmond erschienen war, 6 und sprach: Ich will mit Euch nach Bethlehem gehen und dem Kind huldigen. 7 So machten sie sich gemeinsam auf den Weg. 9 Und siehe, der Mond, den sie bei seinem Aufgang gesehen hatten, zog vor ihnen her, bis er hingelangte und über dem Ort, wo das Kind war, stehenblieb. 10 Und sie traten in das Haus und fanden ein Kind in einer Krippe liegend, und das Kind war ein Mädchen und hieß Rotkäppchen. 11 Die Mutter aber hieß Maria und war alleinerziehend, und mit ihnen war auch die Großmutter, welche ebenfalls Maria hieß. 12 Und die Magier freuten sich über die Maßen und wollten dem Kind huldigen und ihm ihre Geschenke darbringen. 13 Da wurde Herodes sehr zornig und fraß das Rotkäppchen auf. 14 Und sogleich wurden Maria und Maria von großer Furcht ergriffen. Herodes aber, voller Zorn, fraß beide auf. 15 Die Magier flohen entsetzt aus dem Wald und luden ihre Geschenke, Gold, Weihrauch und Biskotten auf dem Nachhauseweg bei einer anderen Krippe ab. 16 Die frohen Eltern eines kleinen Sohnes fragten: Wie kommen wir zu diesem Glück? 17 Die Magier aber sprachen: Nichts zu danken, und zogen auf einem anderen Weg heim in ihr Land. 18 Herodes aber ließ an der Stelle, an der die Krippe gestan-

---

[1] Aus einem apokryphen Evangelium, ca. 140 n. Chr., vgl. auch Mt 2, 1-12.

den war und in dem ganzen Landkreis die Wälder schleifen, auf dass kein König mehr darin geboren werde. 19 So aber kommt es, dass in der Nähe von Bethlehem bis auf den heutigen Tag so wenig Wald steht und dass ein anderes Kind anstatt des Rotkäppchens von den Magiern beschenkt wurde.

GL 132 Rotkäppchen ist gesprungen[1]

1. Rotkäppchen ist gesprungen/durch einen tiefen Wald./Wie uns die Alten sungen,/wo sich der Wolf aufhalt./Und hat den Kuchen bracht/zu ihrer greisen Ahne/wohl zu der halben Nacht.

2. Der Wolf, der war gerissen,/so sagt der Mären Lauf./Der hat sich nichts geschissen/und fraß die Oma auf./Fraß sie mit Blut und Fett/und gar mit Haut und Haaren/und blieb in ihrem Bett.

3. Dann kam das rote Käppchen,/das duftete so süß/aus seiner Ohren Läppchen/und aus sein' dunklen Vlies./Und ach, sein Mund so rot,/der stellet viele Fragen./Der Wolf fraß es zu Tod.

4. Dann endlich ist gekommen/ein Jägersmann zur Nacht./Der Waidmann hat vernommen/den schrecklichen Verdacht./Es schneit der Jägersmann/dem Grimmbart in die Lenden/und richt' ein Blutbad an.[2]

[1] Zu singen nach der Melodie von: Es ist ein Ros entsprungen, Weihnachtslied. T: Mainz um 1587/88; M: Speyerer Gesangbuch, Köln 1599
[2] Überliefert ist als Variante zur 4. Strophe: Ein Waidmann ist gekommen/mit seiner Wurzel hart./Der Wolf liegt ganz benommen/im Bett, wie aufgebahrt./Und hat ein Messer bracht'/sticht's Grimmbart in die Lenden/der Wolf starb noch zur Nacht.

Johann Wolfgang von Goethe[1]

Der Werwolf

Wer trippelt so spät durch Nacht und Wind?
Es ist ein Käppchen mit einem Kind;
das Kind hat den Kuchen wohl im Arm
es fasst die Bouteille und hält sie warm.

„Mein Käppchen, was rutschst mir so schräg ins Gesicht?" –
„Siehst, Mädchen du den Werwolf nicht?
Den Werwolf, der wedelt mit dem Schweif!" –
„Mein Käppchen, es ist ein Nebelstreif." –

„Du liebes Kind, komm, bleib' bei mir!
Gar schöne Spiele zeige ich dir;
manch' bunte Blume pflück ich dir bald
und außerdem ist es lustig im Wald!" –

„Mein Mädchen, mein Mädchen und hörest du nicht,
was leise der Werwolf dir verspricht?" –
„Sei ruhig, bleibe ruhig, nur geschwind,
im schütteren Wolfspelz blättert der Grind." –

„Willst, junges Mädchen, du mit mir geh'n?
meine Augen leuchten und finden dich schön;
meine Ohren glühen und hören dein Schrei'n,
meine Hände tasten und greifen dich fein." –

---

[1] Um 1795.

Mein Mädchen, mein Mädchen und siehst du nicht dort,
der Werwolf lockt dich an dunklichten Ort!" –
„Mein Käppchen, mein Käppchen, ich seh' es genau;
der alte Wolf wird langsam grau." –

„Ich liebe dich, mich reizt deine schöne Gestalt;
und bist du nicht willig, so ess ich dich kalt!" –
„Mein Käppchen, mein Käppchen,
er knabbert mich an!
Der Werwolf hat mir ein Leid's gethan!" –

Dem Käppchen grauset's, es eilet geschwind,
unter ihm das ächzende Kind,
erreicht das Häuschen mit Müh und Not
das Mädchen ist blass, das Käppchen bleibt rot.

Georg Büchner[1]

GROSSMUTTER: Es war einmal ein arm Wolf und hat kein Vater und kei Mutter war Alles tot und war Niemand mehr auf der Welt. Alles tot, und er ist hingegangen und hat gerrt Tag und Nacht. Und wie auf der Erd Niemand mehr war, ist er in Wald gegangen und das Rotkäppchen guckt ihn so freundlich an und wie er endlich zur Großmutter kam, war die ein Stück faule Haut und ihr Atem ein Altweiberfurz, und er hat sie aufgefresse, und wie's Rotkäppchen kam, wie eine Sünde so dick und so breit, und wie er an ihr herumtappt, an ihre Leib, hat er es aufgefresse, heiß, heiß! – Immer zu – immerzu, und wie der Jäger kam, was spricht da? Da unten aus dem Boden hervor, was, was, Stich, Stich, nimm das und das! So! so! Ha zuckt noch, noch nicht, noch nicht? Da war der Mond ein blutig Eisen und wie der Wolf nach Hause wollt, war die Erd ein umgestürzter Hafen und war ganz allein und hat sich hingesetzt und gerrt und da sitzt er noch und ist ganz allein.

1 Aus: Georg Büchner: Woyfzeck, um 1832.

Johann Nestroy[1]

Zweiundzwanzigste Szene. Lied

So manche von die jungen Damen und Herren,
die möchten, weil's was werd'n woll'n, Politiker werd'n.
So mancher hat im Fall, dass d'Karrier net so schmiert,
des öfteren an fliegenden Wechsel probiert.
Erst zu die Roten, dann sich die Schwarzen anschauen,
schnell zu die Blauen, im Herzen oft braun.
Man kann's dreh'n und wenden, s'bleibt a komisches Spiel –
Ja, die Zeit ändert viel, die Zeit ändert viel.

Ein junger Herr, a wenn leicht er vergisst,
ist in jungen Jahrn oft a Rotkappler gwest.
Zuerst hat er d'Welt marxistisch saniert,
dann ist er durch alle Institutionen marschiert.
Gestern war er a linker Maoist,
heut mehr Vinologe denn Sozialist.
A fette Pension, des is heut sein Ziel,
Ja, die Zeit ändert viel, die Zeit ändert viel.

Ein heimlicher Wolf schleicht still durch den Wald,
wo sich a klans rotes Kapperl aufhalt.
Ganz fein schleckt der Wolfgang mit picksüßem Rüssel
das Futter den Roten direkt aus der Schüssel.
Nach dreißg Jahr'n roter Hitz' wird's schön langsam kühl –
Ja, die Zeit ändert viel, die Zeit ändert viel.

[1] Johann Nestroy: Der rotkapplerte Barbiergeselle, 1840. Zusatzstrophen.

Wilhelm Busch[1]

Das Rotkäppchen

Ach, was muss man oft von bösen
Kindern hören oder lesen!
Wie von einer, dreist und süß,
Göre, die Rotkäppchen hieß.
Die anstatt durch weise Lehren,
sich zum Guten zu bekehren
alles, was nicht affenscharf,
gleich zum alten Eisen warf.
Schule schwänzen, Lehrer quälen,
Videokassetten stehlen,
so entwickelt sie sich prächtig,
frecher Triebe übermächtig,
zeigt der Mutter sie den Herrn,
denn der Vater hält sich fern.
Unentwegt ist sie am Motzen,
nichts ist lieber ihr als glotzen,
ungewaschen, ungekämmt,
schamlos, cool und ungehemmt.
Mutter schuftet, Mutter rennt,
opfert noch ihr letztes Hemd,
einerlei, was ist der Dank,
Tochter fühlte sich als Punk.
Aber wehe, wehe, wehe,
wenn ich auf das Ende sehe!

[1] Um 1856.

Ja, das war ein schlimmes Ding,
wie es Rotkäppchen erging.
Drum ist hier, was sie getrieben,
für die Nachwelt aufgeschrieben.

Erster Streich

„Rotkäppchen", sprach sanft die Mutter
„Hier ist das Körbchen, hier die Butter,
hier der Wein und hier der Kuchen.
Geh die Großmutter besuchen,
geh zu ihrem Haus im Wald,
richt ihr aus, ich komme bald."
Rotkäppchen, gesagt, getan,
wirft rasch ihren Walkman an,
schlüpft in gelbe Ringelsöckchen
und ein knappes Miniröckchen,
messinggepierct erglänzt ihr Nabel
und im Kuchen steckt die Gabel.
Kein Lüftchen geht, die Sonne brennt,
heißer als man sie kennt.
Und da der Durst gar quält so sehr,
trinkt Rotkäppchen die Flasche leer.
Hat, mit Wasser dann vermanscht,
Wein so zu Rosé gepantscht.
Und den Knollenpilz in Kürze
verreibt sie zu des Kuchens Würze,
der so giftig ist sodann,
dass er Menschen töten kann.
Weil die Oma sparsam tut,

weiß man nicht, wozu das gut.
Wenn ein Mensch vermögend stirbt,
gibt es jemand, der was erbt.
Plötzlich, da es fürbaß geht,
Rotkäppchen den Wolf erspäht,
welcher in der Sonne liegt,
und eine Mütze Schlaf abkriegt.
Mit feiner List und unverdrossen
hat Rotkäppchen sofort beschlossen,
dem Wolf, ihr Mütchen abzukühlen,
einen kleinen Streich zu spielen.
Schwuppdiwupp, jetzt wird es geil,
schwuppdiwupp, sie nimmt ein Seil,
dies' wird um den Wolf geschlungen,
schwuppdiwupp – das ist gelungen.
Obacht aber, nein, nicht ganz,
an dem Seil hängt bloß sein Schwanz,
welcher um den Baum sich dreht,
somit in die Falle geht.
Hin und her er windet sich
und der Wolf heult fürchterlich.
Her und hin und hoch und quer
und verheddert sich noch mehr.
Rotkäppchen bleibt ungerührt,
tut so, als sei nichts passiert.
Eilends flieht sie diesen Ort
und setzt den Spaziergang fort.
Dieses war der erste Streich,
doch der zweite folgt sogleich.

Zweiter Streich

Tief im Wald, in Nordostrichtung,
liegt ein Haus auf einer Lichtung,
welches wird, wie man's gewohnt,
von der Großmutter bewohnt.
Oma lebt in aller Stille,
wie es immer war ihr Wille,
ringsum Friede, das und dies',
kurz, ein kleines Paradies.
Allerdings wird, wie man hört,
das Idyll manchmal gestört,
kommt doch ab und zu ein Gast
und verweilt im Haus zur Rast.
Auch der Jäger, wenn's ihm frommt,
gern auf Stippvisite kommt.
Einsamkeit ist eine Zier,
manchmal geht's auch ohne ihr.
Weithin gilt damit als Fakt:
Großmutter hat gern Kontakt.
Freudig langt der Jägersmann
beim kleinen Haus im Wäldchen an.
Derweil der Herr zum Schäferstündchen,
ruht vor der Tür sein treues Hündchen.
Kurz wird palavert, doch nicht lange,
schon sind sie im Bett zugange.
Die Großmutter, rüstig und fit,
begeistert zieht den Jäger mit.
Waidmannsheil die Jagdsaison!
Auf zur Jagdinspektion!

Schon steht der Jäger ohne Hosen
Jetztund wird zum Marsch geblosen.
Jetztund wird nicht lang gefackelt,
es schwankt das Licht, das Bettchen wackelt.
Und Piff und Paff und Paff und Puff!
Hühott voran und feste druff!
Der Jäger gibt dem Rappen Sporen,
geschossen wird aus allen Rohren.
Geredet wird bei dem nicht viel,
endlich ist man erschöpft am Ziel.
Indes, was Rotkäppchen belangt,
ist sie beim Haus nun angelangt,
wo mit Bravour und mit Bedacht
eifrig der Strolch des Jägers wacht.
Das Rotkäppchen, auf List erpicht,
scheinheilig mit dem Hündchen spricht:
„Willst, kleiner Strolch, du nicht versuchen
den herrlich leck'ren Mutterkuchen?"
Das Hündchen schnappt und gierig schluckt,
ungläubig aus dem Fell es guckt.
Das Knollenpilzgift mit Magie
zwingt es aufs Schnellste in die Knie.
Die Todeswürze wirkt mit Macht
und hat den Hund rasch umgebracht.
Rotkäppchen am Fenster steht,
mit Neugier auf die Bettstatt späht,
worin der Jägersmann beschwingt
die Großmama zur Strecke bringt.
Die Göre jetzt nun nichts mehr hält,
sie mit der Tür ins Haus einfällt.

„Grüß Euch Gott! Ich will nicht stören!
Ich konnte Euch von draußen hören!
Ich will, gewährt mir diese Bitte,
in Eurem Bunde sein die Dritte!"
Flugs wird, nackend und abgehäutet,
der nächste Jagdgang eingeläutet.
So viel nur, wie's weitergeht,
in der Eck' die Büchse steht.
Dies war der zweite Streich,
doch der letzte folgt sogleich.

Dritter Streich

Allein zu Haus in ihrer Kammer
befällt die Mutter Katzenjammer.
Fern von allem fragt sie bange,
wo die Tochter bleibt so lange.
Es ist schon spät, die Nacht beginnt,
keine Spur jedoch vom Kind.
Die Uhr schlägt sechs, dann sieben, achte,
jetzt sollte Mutter aber sachte
nach dem Verbleib von Wein und Kuchen
und nach dem Rotkäppchen sie suchen.
Mitten in der tiefsten Nacht
hat sie sich schließlich aufgemacht.
Lenkt ihre Schritte freiheraus
in den Wald, zu Omas Haus.
Schwach ist ihre Zuversicht,
matt flackert der Laterne Licht.
Mutter ängstlich Böses schwant,

sie die Katastrophe ahnt.
In einem Buschwerk, eingezwängt,
hat ein Wolf sich aufgehängt
mittels einem festen Seil.
Mutter denkt sich ihren Teil.
Erreicht zuletzt das Haus im Wald,
macht dort rasch und alsobald
einen grausig furchtbar'n Fund:
Vor der Tür ein toter Hund!
Da sie nun das Haus betritt
kriegt sie die Malaise mit,
sieht den Jäger und die Oma
unbeweglich, wie im Koma,
wie sie beieinander liegen,
sich noch aneinanderschmiegen,
alles blutig, alles rot,
leblos beide, beide tot.
Rotkäppchen steht an der Wand
hält die Büchse in der Hand.
„Keinen Schritt mach auf mich zu
denn dann bist du tot im Nu!"
Mutter fängt jetzt an zu schrein:
„Rotkäppchen ich bitt, halt ein!
Schau dem Jäger ins Gesicht!
Kennst du Deinen Vater nicht?"
Rotkäppchen erkennt erschüttert
und die Mutter wirkt verbittert.
Gemeinsam kommt man zum Entschluss,
dass das Häuschen brennen muss.
Mit der Kerze Flamme jetzt

wird das Haus in Brand gesetzt.
Flug brennt alles lichterloh
Oma, Jäger, Bett aus Stroh,
und der Hausrat all zusammen
wird ein Raub der heißen Flammen.
Nichts hält sie jetzt noch am Ort.
Mutter, Tochter wollen fort.
Längs der nächtlich' Lichtung Streifen
sieht man sie die Flucht ergreifen.
Zu Haus im Bett woll'n sie indessen
ihre böse Tat vergessen.
Dieses war der letzte Streich,
doch das Nachspiel folgt sogleich.

Epilog

Drunt im Dorf ist man empört,
als man von dem Anschlag hört.
Drum, zur Volksbefriedigung,
kommt die Spurensicherung,
welche hopsa, hopsassa
Proben von der DNA
nimmt am Tatort ungerührt
und die Frauen überführt.
Unter Polizeiaufsicht
endet alles bei Gericht.
Statt ein Erbe zu begrüßen,
müssen beide bitter büßen.
Mutter sitzt fortan in Haft,
auch die Tochter wird bestraft.

Rotkäppchen wird ungalant
in den Jugendknast verbannt.
Und die Moral von der Geschicht?
Übereilen soll man nicht.
Eine böse Tat man plant
immer noch von langer Hand.

Christian Morgenstern[1]

Ganz stumm saß in der Mondenbar
ein Käppchen, das sehr schüchtern war.
Da kam ein Wolf just angetanzt
und hat sich vor ihm aufgepflanzt,
hat keck dem Käppchen angetragen,
es sollt' mit ihm ein Tänzchen wagen.
Das Käppchen schlug die Augen nieder,
die Angst fuhr ihm in alle Glieder.
Sosehr der Wolf es auch umschwonzt,
all sein Bemühen war umsonst.
Und da der Wolf ein Schwerenöter,
das Käppchen wurde nur noch röter.
Als Rotkäppchen hat es sich bald
an Glas und Theke festgekrallt.
Saß dunkelrot dann an der Bar,
weil es gar so schüchtern war.
Dinge gehen vor im Mond,
die das Kalb selbst nicht gewohnt …

[1] Christian Morgenstern: Aus: Käppchen Palma, 1908.

Felix Salten[1]

Wenig später zog ein neuer Bettgeher zu uns, von dem ich unbedingt erzählen muss. Es war ein Mann in mittleren Jahren, der angeblich einmal als Hutschenschleuderer im Prater gearbeitet hat. Ich bin mir nicht sicher, ob ich ihm das je geglaubt habe. Das Eigentümliche an Herrn Reitinger – so hieß er – war, dass er einen dichten Wuschelkopf und einen Vollbart hatte, sodass ich mich oft fragte, wie viele Haare er wohl zwischen seinen Füßen haben dürfte. Einmal im Monat, immer an einem Sonntag, bin ich mit ihm hinaus in den Neunzehnten zum Jägerhaus zwischen Hermannskogel und dem Stiftswald. Dort, ganz in der Nähe vom Jägerkreuz, hat der Herr Reitinger einen Schlüssel zu einer Jagdhütte gehabt. Wie er zu dem gekommen ist, ist mir unbekannt, wozu er ihn gebraucht hat, darauf bin ich bald gekommen.

Schon wie wir durch den Wald hinaufgehen, war er immer sehr freundlich zu mir und drückte mich zärtlich an sich. Ich habe damals ein rotes Hauberl getragen, weswegen er mich immerzu sein „Rotkäppchen" genannt hat. Sobald wir in der Jagdhütte drinnen waren, haben wir ein kleines Jauserl gemacht, haben ein Stück Marmorkuchen gegessen und einen Schluck Rotwein getrunken. Ich war gleich gut aufgelegt. „Ist das nicht ein Zufall?", hat der Herr Reitinger scherzhaft gesagt, „du das Rotkäppchen, wir beide hier in der Jägerhütte. Da erbitte ich die Gnade, ihr Wolf zu sein!" Und er fing an zu knurren und begann schmatzend an meinem Ohrwaschl zu beißen und bellte „Wuff!" und „Wau!", ganz natürlich und wirklich wie ein Wolf, ich hielt mit Mühe das Lachen zurück. Wie er sich ausgezogen und auf das Bett gelegt hat, habe ich gesehen, dass

---

1 Aus: Felix Salten (zugeschrieben): Josefine Rotkapplerin, Wien 1908.

sein Körper tatsächlich über und über mit Haaren bedeckt war. „Kleines Rotkäppchen, leg dich zu deinem Wolf ins Bett!" hat er mir befohlen und ich habe meine Schoß und mein Spitzenhoserl abgestreift. Er hat nur einen Blick auf mich geworfen, schon hat sein Schweif vor Aufregung und Erwartung ganz wild zu wedeln begonnen. Ich habe gleich begriffen und mein Bluserl schnell ausgezogen und bin zu meinem Wolf ins Bett gehüpft! Fest schlang ich die Beine um seinen Bauch und verschränkte die Füße um ihn. „Aber Wolf, was hast du nur für große Augen?" fragte ich ihn und begann gleichzeitig, seinen Schweif mit meinen Füßen zu massieren. Sein Knurren wurde laut und fast gefährlich: „Damit ich dich besser sehen kann …" „Aber Wolf, was hast du nur für große Hände?" fragte ich weiter. „Damit ich dich besser greifen kann", antwortete der und fingerlte gleich an meiner Fut herum. „Aber Wolf, was hast du nur für einen großen Mund?" fragte ich ihn weiter, ohne aufzuhören, unablässig seinen Schweif schön zwischen meinen Knöcheln zu reiben. „Damit ich dich besser fressen kann!" bellte er mir ins Gesicht und wälzte mich herum, dass ich von einem Augenblick zum anderen unter ihm zu liegen kam. Und beinahe hätte er mich wirklich aufgefressen, er busselte mich überall ab, schnabulierte an meinen Dutteln, während sein Bart an meinem Nabel kratzte und schleckte mein Zwetschkerl, dass es nur so quatschte. Ich war aber noch nicht fertig. „Und was hast nur für einen großen Schwanz?" fragte ich, denn der war in der Zwischenzeit riesengroß und zu einer glühenden Stange angeschwollen. „Damit ich dich besser petschieren kann!", bellte der Wolf und begann einen Ritt, den ich einem Jockey, aber nicht dem Herrn Reitinger zugetraut hätte. Sein Bellen wurde ganz tief von lauter Geilheit: „Wwwwwrrau! Wwwwwrrrau!" Ich packte ihn an den Haaren wie einen Hund am Fell, während er mit seiner Rute fest in meinem Loch hin- und herfuhr. Dann warf er den Kopf zurück, verdrehte die Augen und jaulte laut auf, während ihm der Speichel aus dem Maul tropfte. Plötzlich sagte er: „Schluss mit Genuss", hechelte noch ein paarmal mit seinem Schwanz in meiner Spalte vor und zurück, und schnappte mit der Zunge nach meinen Brustwarzen, dass mir allmählich auch die Wollust kam. Dann wurde er auf einmal dunkelrot im Gesicht, stieß noch zweimal heftig zu und blieb dann erschöpft auf meiner Brust liegen. Er hatte gespritzt, der Wolf war erledigt.

Der Herr Reitinger hat leider nicht sehr lange bei uns gewohnt und ist bald wieder ausgezogen. Ein paar Monate später soll er, wie ich gehört habe, nach einer nächtlichen Tour in einen Kanal gestürzt und im Rausch ertrunken sein. Schade um ein Mannsbild im besten Alter, das mir so schön und echt den Wolf gemacht hat. Die Figur und die Haare und dazu die Stimme, die hat nicht ein jeder.

Georg Trakl[1]

Haus im Wald

Ludwig von Ficker zugeeignet

Ein kleines Mädchen geht im Wald.
Das Laub fällt rot von alten Buchen.
Ein Vogel schreit. Die Nacht wird kalt.
Im Körbchen liegen Wein und Kuchen.

Schon lange ist der Wolf ergraut.
Die Augen starren ungeheuer.
Er gierig auf das Mädchen schaut.
Still flackert der Verführung Feuer.

Als Fremdling tritt er dann ins Haus.
Großmutter ruht im fahlen Blau.
Rasch löscht der Wolf ihr Leben aus.
Schon liegt er auf dem Bett der Frau.

Dann klopft das Mädchen an die Tür.
Ganz rein fängt es zu fragen an.
Warum? Wozu? Weshalb? Wofür?
Dass er sie besser fressen kann.

---

[1] Georg Trakl: Aus dem Nachlass, um 1909.

Der Wolf liegt da mit dickem Bauch.
Der Waidmann eilt mit festem Schritt.
Er zückt das Messer zum Gebrauch
Und dann wagt er den Kaiserschnitt.

Die Ahne lebt, es lebt das Kind.
Der Wolf dem Jäger wird zur Beute.
Und wenn sie nicht gestorben sind
Dann leben sie noch heute.

Bertold Brecht

Moritat vom Rotkäppchen[1]

1
Und die Mutter hat 'ne Mutter
Die ihr fällt schon lang zur Last
Und so schickt sie ihre Tochter
Weil sie ihre Mutter hasst.

2
Und den Wein hat sie vergiftet
Mit Arsen ganz weihevoll
Weil die Tochter ihre Omma
Um die Ecke bringen soll.

3
Und Rotkäppchen geht zur Arbeit
Wider das Arbeitsgesetz
Doch sie denkt nur an das Eine
Geht dem Meister Wolf ins Netz

4
Und der Grauwolf, der hat Zähne
Und die trägt er angesichts
Und das Rotkäppchen trägt unter
Ihrem Röckchen diesmal nichts.

[1] Bertold Brecht: Aus: Mutter Rotkäppchen und ihr Kind, 1928.

5
Und der Wolf hat das Rotkäppchen
Gleich am Waldrand überrascht
Und hat sie mitsamt dem Kuchen
Und dem Wein sofort vernascht.

6
Und das Käppchen reibt sich selig
An dem fremden Zauberstab
Doch dem Wolf hat's nicht bekommen
nach dem Koitus tritt er ab.

7
Und der Plan, der scheint misslungen
Anders als wie angestrebt
Das Rotkäppchen ist befriedigt
Doch die Großmutter, die lebt.

8
Die Moral von der Geschichte
Die nun jede Frau versteht:
Lass den Liebhaber in Ruhe
Wenn's dir um die Omma geht.

9
Und das Rotkäppchen trägt Trauer
Denn den Wolf hat sie verlor'n
Und sie lernt den Jäger kennen
Und das Spiel beginnt von vorn.

Kurt Tucholsky[1]

Rotkäppchen an Omma

Hast mir auf den Schoß jenommen
hast den Schnuller mir jesteckt
hast mir in die Luft jehoben
hast det Wächelchen jeschoben
  doch wie's aussieht, is jetz Schluss.

Hast mir übers Haar jestrichen
hast det Käppchen mir jenäht
hast jebacken und jewogen
hast mich an die Ohrn jezogen
  doch wie's aussieht, is jetz Schluss.

Hast mir manchet Lied jesungen
hast jern'n juten Schluck jetrunken
hast mir von der Welt erzählt
hast och immer rot jewählt
  doch wie's aussieht, is jetz Schluss.

Hast'n Wolf ins Haus jelassen
hast die Warnung nich jehört
ick wollt mir dir Kuchen essen
Rotkäppchen sagt dir stattdessen
  den, wie's aussieht, letzten Gruß.

[1] Kurt Tucholsky, 1929.

Karl Valentin

Kleine Maden[1]

FRAU: Ja sag einmal, ich denke mir, du bist draußen und streichst den Zaun und du sitzt da herinnen und liest.

MANN: Ich habe mir gedacht, jetzt haben wir so viele Bücher, und kaum hast du eines gelesen, stellst du es weg und schaust es nicht mehr an.

FRAU: Da täuschst du dich aber, ich schau doch die Bücher jeden Tag an, wenn ich das Regal abwisch.

MANN: Anschauen schon, aber du schaust ja nicht hinein.

FRAU: Meinst du, ich soll in ein jedes Buch hineinschauen, bevor ich es abwische, da täte das Abwischen ja überhaupt kein Ende mehr nehmen.

MANN: Schau, dieses Buch habe ich mir wieder einmal zum Lesen hergenommen.

FRAU: Das ist gspaßig, das sind doch die Märchen der Gebrüder Grimm. Das ist doch was für Kinder.

MANN: Da sieht man, dass du nichts begreifst. Ein Kind kann ja noch gar nicht lesen. Die Märchenbücher sind für die Erwachsenen, dass sie die Märchen lesen, damit sies dann ihren Kindern erzählen können. Wie ich ein Kind war, habe ich auch noch nicht lesen können. Da hat mir die Großmutter die Märchen erzählt.

FRAU: Aber das ist doch schon lange her.

MANN: Freilich. Deswegen lese ich sie ja. Damit ich mich wieder erinnere. Damit ich es auch unserem Kind erzählen kann.

FRAU: Aber wir haben doch gar kein Kind.

[1] Karl Valentin: Die kleine Made mit der roten Kappe, um 1935

MANN: Aber wenn wir eins hätten, könnte ich ihm gar kein Märchen erzählen.

MANN liest: Sag, was ist eigentlich ein Lädchen?

FRAU: Eine kleine Lade.

MANN: Und ein Bübchen?

FRAU: Ein kleiner Bub.

MANN: Und ein Wäldchen ist ein kleiner Wald?

FRAU: Was stellst du eigentlich so saudumme Fragen?

MANN: Das fällt mir direkt auf, dass in den Märchen alles so klein daherkommt, die Gebrüder haben alles klein gemacht, Tellerchen statt Teller, Häuschen statt Haus, Käppchen statt Kappe.

FRAU: Ja, hast es denn noch immer nicht begriffen, das sind Geschichten für kleine Kinder, und Kinder mögen kleine Sachen, da brauchen sie sich nicht zu fürchten!

MANN: Aber das ist doch für die Katz, Kinder, die Märchen mögen, können ja noch gar nicht lesen, und wenn sie einmal lesen können, kaufen sie sich die Micky Maus und interessieren sich einen Schmarren für die Märchen.

FRAU: Vielleicht hast du ja eine Ausgabe für Kinder, die gerade zum Lesen anfangen und sich noch nicht die Micky Maus kaufen.

MANN: Da hätten die Gebrüder Grimm aber einen Weitblick bewiesen, weil damals hat es die Micky Maus ja noch gar nicht gegeben.

FRAU: Vielleicht hast du ja auch eine Ausgabe für arme Kinder, die sich noch keine Micky Maus leisten können.

MANN: Von mir aus müssten die Dinge nicht alle so klein sein. Ich bin ja schon erwachsen, ich kann gut mit großen Dingen leben. Ich würde mich auch dann nicht fürchten, wenn es hieße, die Großmutter wohnt in einem Haus im Wald, statt das Großmütterchen wohnt in einem Häuschen im Wäldchen.

FRAU: Was liest du denn überhaupt?

MANN: „Das Rotkäppchen." Eigentlich ja „Die Rotkappe." Man müsste die Märchen umschreiben. Kinder lesen eh keine Märchen mehr. Man müsste eine Fassung machen für Leute wie mich, Leute, die groß sind und sich die Zeit nehmen, in ein Märchenbuch hineinzuschauen.

FRAU: Das tät dir so passen. Den ganzen Tag lesen, damit du den Zaun nicht streichen brauchst.

MANN *liest:* Hui, da habe ich jetzt aber etwas erwischt. Da muss den Gebrüdern Grimm beim Verkleinern ein Versehen passiert sein, hör einmal zu: In einem Wäldchen spazierte ein Mädchen, um sein Großmütterchen zu besuchen, was fällt dir da auf?

FRAU: Was soll mir da auffallen?

MANN: Was ist ein Wäldchen?

FRAU: Ein kleiner Wald.

MANN: Was ist ein Großmütterchen?

FRAU: Jetzt fängst du schon wieder mit dieser blöden Fragerei an!

MANN: Und was ist ein Mädchen?

FRAU: Ein kleines … Mädch…, das weiß ich jetzt auch nicht, jetzt hast du mich ganz durcheinander gebracht.

MANN: Es kann sich um nichts anderes als um eine kleine Made handeln, da muss den Gebrüdern ein Flüchtigkeitsfehler beim Schreiben unterlaufen sein.

FRAU: Kein Wunder, die haben ja so viele Märchen geschrieben.

MANN: Das Märchen ist wahrscheinlich immer falsch verstanden worden. Die Leute haben immer geglaubt, dass ein Mädchen keine kleine Made, sondern ein kleines Mädchen ist. Aber wenn ein Mädchen eine kleine Made ist, dann ist das Märchen ja kein Märchen, sondern eine Fabel, dann hat es aber überhaupt keinen Sinn, wenn eine Made seine Großmutter besucht, denn ich habe noch nie etwas von einem Wolf gehört, der Maden frisst.

FRAU: Das ist doch nur verwirrend.

MANN: Vielleicht sind die Märchen deshalb auch für Erwachsene geschrieben, dass die Kinder nicht zu sehr durcheinanderkommen.

FRAU: Da müsste man jetzt die Gebrüder Grimm fragen.

MANN: Die sind doch schon lange tot.

FRAU: Mausetot sogar.

MANN: Die sind bestimmt schon lange von den Maden gefressen worden.

FRAU: Geschieht ihnen ganz recht, wenn sie solche Sachen schreiben.

Ingeborg Bachmann[1]

Einsamer Wolf

In den Bäumen kann ich keine Bäume mehr sehen.
Die Tür hängt schief in der Angel.
Erkaltet ist mein Herz im Wind.
Die Glut in meinem Bett ist ausgegangen.
Der Wein schmeckt süß. Aber ohne Liebe.
Was soll nur werden?
Vor meinen Augen schwindet das Licht,
mein Ohr befiehlt dem Tag zu schweigen.
Ich bin satt vor der Zeit
und hungre nach ihr.
Was soll nur werden?

Es kommen härtere Zeiten
Die Nacht wandelt das Blatt nicht mehr.
Die Hoffnung auf ein Morgenrot gekappt.

[1] Ingeborg Bachmann: Anrufung des grauen Wolfes, 1957.

H.C. Artmann[1]

i bin a strawanzer im wald
und hob scho sim mentscha fazart
und eanare knochen und wos so bleibt
im unterholz faramt …

heit lod i ma r ei di ochte
zu einen libesmahl –
mit powidldatschgerl
und an doppler veltliner!

heit kummst ma r net aus
heit werd i di kriagn
mei picksiaßer fratz
mei fesche gustokatz!

und waun s tschapperl will dann zag i ir olls
meine glupscherten Gluren
meine ohrwaschelwascheln
mei maul und meine pratzn a …

heit spar i kan aufwand
heit putz i de ganz
anbandeln abtaschkerln
abzuzeln abkrageln abkiefeln!

---

[1] H. C. Artmann: med mein rotn bluat, 1959

dein zuckergoscherl
deine gspaßlaberln olle zwa
dei schwarten dass kracht
obacht oida dass di net verkutzt!

heit friss i di mit haut und hoar
nur des rote kapperl lass i über
und schmeiß in d staudn oder verstecks in an morschn bam
schon wieder a madl verschwunden im wald …

i bin da weiberer wolf und strawanz gern umeinand
i schlaf in da nacht wiar a ratz
wäu waun s so finzta is
is da jäger der erschte der s muffensausen kriegt.

Hanns Dieter Hüsch[1]

Das Wort zum Sonntag
Es spricht Probst Jörg Jens Grashecke aus Thule

Darf ich Sie heute bitten, gemeinsam mit mir ein Stück des Weges in Ihre eigene Kindheit zurückzugehen? Erinnern Sie sich noch? Ein kleines Mädchen namens Rotkäppchen macht sich auf, um seine kranke Großmutter zu besuchen. Macht sich auf, um ihr die Dinge zu bringen, die der gebrechlichen Frau ein bisschen Freude, ein bisschen Hoffnung, ein bisschen Sonne in den stillen Alltag bringen soll. Im Körbchen liegen Wein und süßes Brot, im Körbchen liegt der Kuchen.

Doch, meine lieben Zuschauer, Sie und ich kennen das Ende der Geschichte. Das Mädchen kommt vom Weg ab und wird schließlich vom Wolf gefressen.

Neulich kam eine junge Frau zur Aussprache zu mir und sagte: Mein Leben ist verdunkelt. Mir ist, als ginge ich durch einen düst'ren, tiefen Wald. Der Durchblick fehlt. Vor lauter Bäumen sehe ich keinen Ausweg mehr.

Ein andermal sah ich, wie ein netter junger Mann mit einer roten Kappe an einer Bushaltestelle sagt: Vor ein paar Tagen ist meine Großmutter plötzlich gestorben. Und ich hatte mir doch vorgenommen, sie bald einmal zu besuchen. Jetzt ist es zu spät.

Und wie oft hört man heute, da habe ich mich verrannt, da ist jemand vom Weg abgekommen, da hat sich jemand heillos verirrt? Nun, geht es uns nicht allen manchmal so? Steckt nicht in jedem von uns ein kleines Rotkäppchen? Tappen wir nicht oft auch

---

[1] Hanns Dieter Hüsch: Das rote Käppchen von Niederrhein. 1963.

gleichsam durch den finsteren Wald? Verirren wir uns nicht oft und oft und immerzu im Dschungel des Konsumierens und der Verführung?

Wer immer nur mit der Kappe der Verblendung durch den Wald des Bösen streift, braucht sich am Ende nicht zu wundern, wenn er das Ziel verfehlt. Wenn dann der Wolf kommt, nützt kein Heulen und kein Zähneknirschen. Gott ist die Richtschnur und das Lot, Er allein der Kompass, der uns zum Haus im Walde führt. Ganz konkret. Von Ewigkeit zu Ewigkeit.

Lassen Sie mich schließen mit einem großen Wort des schwäbischen Mystikers Konrad Robert Sendelsburner: „Der Tarnung Kappe scheu dich tragen, den Weg des Lichts zu gehen die Losung sei!"

Guten Abend

Ernst Jandl[1]

I

ansage

dömöt öch
dömöt öch döch
dömöt öch döch bösser
dömöt öch döch bösser frössen

öööööööööööööööööööööööööööööööööö

II

omos wolf

omos wolf klopft
omo: folg wolf folg
omos wolf bockt
omo: soso

omo holt bonbon
omo kocht koch

---

[1] Ernst Jandl: Maude und Ilse. Aus dem Nachlass, um 1966.

omos wolf hofft
omos wolf blofft
omos wolf zockt
omo holt kondom
omos wolf holt colt

omos wolf bolzt
omos loch rot
omos sodom
omos wolf kommt
omos wolf rotzt hormon

omo: ohoh

omo rot
omo tot

omos wolf: ogottogott
omos wolf kotzt

III

fragment

wenn das rot
tief im wa
warum hast du
damit ich dich
und der jä

IV

etüde in dl

reiten und dleiten
stopfen und dlopfen
schwänzen und dlänzen
durch den Grindlwald

in der dlause wohnt das dlück
dlockenblume
dladiole

liebesdlut
liebesdlut

dleitet das dlied
dlitschige dli
doris! Doris!

liebesdlut
liebesdlut

dlebrig das dleid

gib mir einen dlaps
das war dlass

V

rot ich weiss käppchen
käppchen ich weiss rot
ich weiss du rot
ich rot du käppchen
ich ich
du rotkäppchen

Herbert Reinecker[1]

Oberinspektor Derrick saß mit Harry Klein in seinem Büro und studierte die Akte Rotraud Kapp, las die Protokolle durch, die von den Kollegen angefertigt worden waren. Während Derrick die Aussagen las, stellte er sich die Leute vor. Alles Zeugen, die sich am Tag der Tat in der Nähe des Häuschens der Kapp in dem Waldstück aufgehalten hatten. Da war der Holzarbeiter Krosche, ein Rentner namens Kossitz, der Pilze gesucht, Roland Knabbe, ein junger Mann, der Pflanzen aus einer Gärtnerei geholt, der Bauer Anton Kareissel, der auf einem waldnahen Feld gearbeitet hatte. Dazu kam noch das Schulkind, die Nichte von Rotraud Kapp, das seine Großmutter am Nachmittag besucht hatte. Derrick sah sofort: Die Kollegen hatten sich Mühe gegeben. Aber sie waren begrenzt in ihren Fragen gewesen. Haben Sie jemanden gesehen, der Ihnen verdächtig vorgekommen ist? Haben Sie seltsame Geräusche, haben Sie einen Schuß gehört? Und so weiter.
Derrick schlug die Akte zu.
„Wir gehen davon aus, dass das Opfer den Täter gekannt hat. Der Jäger, Harry, wie hieß der Jäger noch mal?"
Harry blätterte in seinen Unterlagen.
„Kobenz, Kurt Kobenz. Er war gestern nicht erreichbar."
„Wir knüpfen ihn uns heute vor."
„Stefan, ich denke, dass es besser wäre, uns die Familie der Toten vorzunehmen. Das Motiv liegt dort. Vielleicht spielt Eifersucht eine Rolle."

[1] Herbert Reinecker: Derrick: Das Geheimnis der Rotraud Kapp, 1978.

„Kann sein", gab Derrick zu, „aber warum den zweiten Schritt vor dem ersten tun? Zunächst einmal müssen wir alle Erkenntnisse ausschöpfen, die der Tatort hergibt. Harry, hol eben schon mal, du weißt schon, was ich meine."

Sie fuhren in die Siedlung, in der sich das Haus des Jägers Kobenz befand. Lauter Zweifamilienhäuser, hübsch gelegen in kleinen Vorgärten, ziemlich dicht an der Straße.

Sie klingelten. Wenig später öffnete ein Mann um Mitte fünfzig. Er sprach nur durch einen kleinen Spalt in der Tür, fragte, was die Herren wollten.

„Mein Name ist Derrick. Das ist mein Kollege Klein. Wir leiten die Ermittlungen im Fall Rotraud Kapp. Wir wollten Ihnen gern einige Fragen stellen."

Kobenz ließ sie ein. Im Flur lag Gerümpel, alles machte einen ungepflegten Eindruck. Auf den ersten Blick war zu sehen: In diesem Haus sorgte keine Frau für Ordnung.

„Ich habe die ganze Nacht nicht schlafen können. Ich bin tief betroffen. Man hört so viel davon, und die Dinge scheinen sich weit entfernt abzuspielen, nun passieren sie in unserer Umgebung. Wenn etwas vor der Haustür passiert, bekommt alles eine ganz besondere Bedeutung."

Kobenz führte sie in das kleine Wohnzimmer und bat sie, Platz zu nehmen. Harry Klein setzte sich an den Couchtisch, Derrick blieb stehen und sah sich um: Es herrschte tatsächlich eine unglaubliche Unordnung.

„Sie sind erschüttert. Ich kann das verstehen. Sie waren ein guter Freund der Toten?"

„Ein guter Bekannter. Immer, wenn ich im Wald zu tun hatte, sah ich bei ihr vorbei. Rotraud ist – Rotraud war eine sehr liebenswürdige Gastgeberin."

Es entstand ein Moment peinlicher Stille.

„Sie verdächtigen mich, ist es nicht so?" fragte Kobenz, ohne sie anzusehen.

„Sie können uns helfen, den Mörder zu finden. Sie müssen uns nur einige Fragen beantworten."

In diesem Moment betrat ein junger Mann den Raum. Derrick wusste sofort, dass es Kobenz junior war.

„Mein Sohn Wolfgang", sagte Kobenz leise. „Er ist übrigens mit Rotraud, der Nichte von Frau Kapp, befreundet."

„Guten Tag", sagte Wolfgang Kobenz höflich. Er sah seinem Vater sehr ähnlich.

„Weißt du schon?", fragte Kobenz.

„Ja", antwortete der junge Mann, „ich war oben, ich habe deinen Zettel gefunden. Frau Kapp ist tot. Sie ist umgebracht worden."

„Ich werde verdächtigt", sagte Kobenz.

Der junge Mann hob den Kopf. „Du?", fragte er erschrocken.

Kobenz wurde lebhafter und begann die Geschichte des gestrigen Tages zu erzählen. Am Morgen habe er sich ins Revier begeben und vorher bei Rotraud Kapp Kaffee getrunken. Da hatte er sie zuletzt gesehen. Gegen Mittag war er in die Stadt gefahren.

Der junge Kobenz sprach Derrick nicht direkt an.

„Herr Inspektor", sagte er, „niemand kann so dumm sein und meinen Vater verdächtigen. Dazu ist mein Vater nicht fähig."

„Sind sie mit der Nichte von Frau Kapp befreundet?" fragte Derrick.

Wolfgang Kobenz errötete leicht. „Das ist privat. Das tut hier nichts zur Sache."

Die Vernehmung war beendet. Kobenz schien erleichtert, als er hinter ihnen die Tür schließen konnte.

Im Wagen besprachen sie die Einzelheiten des Fallen durch: Es gab eine Reihe von Verdächtigen: Krosche, Koschitz, Knabbe, Kareissel, und jetzt eben Kobenz. Auch das Verhalten des jungen Kobenz war ihnen nicht entgangen.

„Wir haben zwar eine Menge Theorien, aber bis zu Beweisen ist es noch ein weiter Weg", sagte Derrick. „Wir müssen die Geschichte hinter der Mordtat suchen."

„Und wir haben kein Motiv", sagte Harry Klein.

Schweigend fuhren sie los. Möglicherweise wurden sie aus dem Haus Kobenz beobachtet.

Thomas Valentin[1]

Märchenwald

Die Sonne
gießt
gleißendes Weiß
über das Farnkraut.

Feurig
lodert
das Käppchen
durch grünes Geäst.

Im Körbchen
machen
Wein und Kuchen
sich schön.

Auf der Lichtung
fiebert
der Wolf.
Er scharrt mit den Krallen.

[1] Thomas Valentin: Rotlicht. Düsseldorf 1980.

Erich Fried[1]

Erkundung

Ich habe deinen Wein getrunken
du hast an meinem Ohr gelauscht
in deinen Augen hab ich mich verloren
hast dich in meine Hand gelegt

unsere Zungen haben vor Freude getanzt
unter der Tarnkappe der Liebe
sind wir vielsilbig errötet.

[1] Erich Fried: Die Liebe der Wölfe, 1981.

Gerhard Polt und Hanns Christian Müller[1]

Der Augenzeuge

Karl Reissegger und seine Gattin Hilde am Gartenzaun.

REISSEGGER: Also wir, was unsere Position angeht, wir waren schon immer skeptisch, die Hilde und ich, schon von Anfang an sage ich, das kann doch nicht gut gehen, wenn die Alte, also die Frau Mechenschwendtner, ich meine, die war ja schon, in einem sagen wir gehobenen Alter, ich mein, was wird sie gewesen sein, vierundsiebzig so was …

HILDE: Voriges Jahr hats den 75er gefeiert, in der Zeitung habens ja was gebracht.

REISSEGGER: Na also, wenn man einmal die 75 überschritten hat, sag ich, und sich so was noch antut, so ein junges Ding, ich meine, wie alt war die Maresi, wie sies bei sich aufgenommen hat.

HILDE: Zwei Jahre sinds jetzt her, glaub ich.

REISSEGGER: Genau, neun war die Maresi damals, nicht, also wir haben gleich von Anfang an gesagt, wenn das nur gutgeht, wenn das nur gutgeht, gelt Hilde, ich meine, sicher, das Schicksal, die Tochter von der Frau Mechenschwendtner, wir haben sie ja gut gekannt, ist durch einen Sturz von der Leiter, sie war ja eine Reinigungskraft bei der Aquitan-Versicherung, ist sie bei einem Sturz da aus vier Metern Höhe, wie mir scheint, ist sie runter und direkt auf den Beton also aufgeprallt, und Fraktur und Hämatom, Schädelhirntrauma und anschließende Bewusstlosigkeit, das ganze Pro-

---

1 Gerhard Polt und Hanns Christian Müller: Jenseits von mein Gartenzaun. Schliersee und München 1984.

gramm, nicht, ist sie nicht mehr aus dem Koma, hats sies letztlich nicht mehr derpackt und nach ein paar Wochen hat sie aufgegeben.

HILDE: Dann hat die Großmutter das Enkelkind aufgenommen.

REISSEGGER: Hat sie das Enkelkind, die Maresi, also bei sich aufgenommen, und letztlich auch bekommen von der Behörde, sie können es sich nicht vorstellen, wie streng da die Vorschriften, ich habe immer gesagt, kann das gutgehen bei dem Alter von der Frau Mechenschwendtner, und ich meine, nachher ist man immer gescheiter, aber als Nachbar sind einem da sowieso die Hände gebunden, nicht, ich hätte ja gesagt, das Mäderl hätte man ja auch ins Waisenheim geben können, probeweise vielleicht, auf ein halbes Jahr, probiert mans ein halbes Jahr, wenns nicht geht, ist auch nichts verpatzt, aber nein, allesamt sind sie auf das Risiko losgegangen und haben das Kind zu ihrer Großmutter und dann das.

HILDE: Dass das ausgerechnet einmal bei uns auf unserem Nachbargrund …

REISSEGGER: Einerseits war da kein Hindenken, in keinster Weise, andererseits, die Mechenschwendtner hat den Hund ja schon jahrelang gehabt und wir, ich sage Ihnen, ich habe an und für sich nichts gegen Hunde, aber vor dem Wolf …

HILDE: Wolf hat er gheißen, es war ein Rüde, wissens Sie, ein Schäfer, ein Rüde.

REISSEGGER: Genau, ein Rüde wars, also Respekt haben wir schon gehabt, wir haben den Zaun ja schon voriges Jahr entsprechend verstärkt, also die Maschen verstärkt und leicht in die Höhe gegangen sind wir, sehen Sie. *Er rüttelt am Maschendrahtzaun.* Also diesem Hund wollte ich nicht in freier Wildbahn, also ungeschützt, also die Frau Mechenschwendtner hat ihn an und für sich immer an der Leine, und es ist ja auch verhältnismäßig lange gut gegangen, und an dem besagten Dienstag geh ich wieder mal raus und schau nach, was meine Wühlmäuse machen, es ist eine Plage, ich habe gesagt, Schluss, wir machen jetzt einmal was mit Gift, ich also schau hinaus nach dem Mittagessen und geh heraus, seh ich wie da drüben – *er zeigt über den Gartenzaun* – dort drüben, da wo Sie die Schaukel sehen, gleich davor, seh ich die Maresi stehen und schreien, sie hat so ein dünnes Kleiderl angehabt, und ein rotes Käppchen auf, ich denk mir noch, wenn die sich nicht verkühlt, frag ich mich, was schreit denn das Mäderl so, dann seh ich es auch schon, dass der Hund sich in sie verbeißt, und es ist dann ziemlich rasch gegangen, dann ist sie zu Boden und der Hund auf sie drauf, ich frag mich noch, wo bleibt denn die Frau Mechenschwendtner, ja hat die denn keinen Anstand, den Hund zu stoppen, und das Mäderl geht also zu Boden und dann muss sie auch schon der Hund, weil sie ist dann liegen geblieben, und ich bin dann gleich in die Wohnung hinein und habe die Polizei arlamiert. Was da Minuten vergehen, kann ich ihnen gar nicht sagen, ich habe ja nicht rübergehen können, irgendwo war ja auch noch der Hund, das Mäderl ist dann regungslos dagelegen, es hat eine Ewigkeit gedauert, bis die Polizei gekommen ist und dann erst die Rettung, und dann haben wir erst die Katastrophe …

HILDE: Die Mechenschwendtner hat nämlich einen Schlaganfall erlitten gehabt, vorher, im Haus, und hat die Katastrophe ausgelöst…

REISSEGGER: Die hat die Katastrophe ausgelöst, fahrlässig eigentlich, sie haben das dann nacher rekonstruiert, die Mechenschwendtner hatte offenbar einen Schlaganfall, da ist der Hund extrem rabiat geworden und hat die Maresi, er hat sie an den Extremitäten gebissen, also am Oberarm und an den Beinen, aber an und für sich nicht tödlich, hat der Arzt gesagt, aber tödlich war selbstverständlich der Biss an die Gurgel, das muss gewesen sein, wie sie gestürzt ist, muss er ihr an die Gurgel, hat sie praktisch tot gebissen, sie ist angeblich verblutet, hat es geheißen.

HILDE: Furchtbar, und das in der Nachbarschaft.

REISSEGGER: Den Hund haben sie dann liquidiert, also erschossen haben sie den, es ist ja gespenstisch ruhig da drüben jetzt, wenn man bedenkt, dass da doch ein Leben war, die Maresi hat oft gespielt heraußen, die Frau Mechenschwendtner hat gegartelt, der Hund ist herumgelaufen, jetzt schauen wir hinüber und es ist sowas von ruhig, wir haben ja keine Ahnung, wer das einmal erbt, weil die Maresi angeblich die einzige Erbin von der Mechenschwendtner gewesen ist. Wir lassen den Zaun jetzt ein bisschen höher wachsen, denn letztendlich muss das Leben weitergehen, auf uns hat ja keiner gehört, weil gesagt habens wir immer, ob das noch einmal gut geht mit den dreien da drüben, nicht.

Gerhard Polt und Hanns Christian Müller[1]

Das Interview

Professor Gesine Sontheimer-Milzenbrand, Reformpädagogin und Buchautorin im Gespräch mit dem Reporter Erwin Hornpostel.
SONTHEIMER: Bitte schön, Herr ah …
REPORTER: Hornpostel …
SONTHEIMER: Herr Hornpostel, aber nur ganz kurz, weil ich habe gleich noch einen Fernsehtermin und anschließend muss ich zum Empfang mit dem Kultusminister.
REPORTER: *packt sein Aufnahmegerät aus:* Werden wir gleich haben. Frau, ah, kurz und schmerzlos. *Er spricht in das Aufnahmegerät.* Eins, zwei, Hornpostels Sprechprobe, Hornpostels Sprechprobe. *Er lässt das Band zurücklaufen und hört es ab.* Sicher ist sicher. Damit wir keine böse Überraschung erleben. Achtung Aufnahme. Ah, Frau Professor Sontheimer-Milzenbrand, in Ihrer jüngsten Studie, ah, was ich noch sagen wollte, Frau Professor, also, die Fragen schneiden wir dann raus, wir nehmen nur den O-Ton, lassen Sie sich nicht drausbringen, also. *Spricht auf Band.* Schnitt. Frau Professor Sontheimer-Milzenbrand, in Ihrer jüngst veröffentlichten Studie beschäftigen sie sich intensiv mit dem Thema Märchen. Frau Professor, sind denn Märchen überhaupt noch zeitgemäß?
SONTHEIMER: Sicher und garantiert, Herr ah …
REPORTER: Hornpostel …
SONTHEIMER: Herr Hornpostel …
REPORTER: Das werden wir dann rausschneiden.

---

[1] Gerhard Polt und Hanns Christian Müller: Jenseits von mein Gartenzaun. Schliersee und München 1984.

SONTHEIMER: Wir folgen ja Bettelheim in seiner These insofern, als wir nicht die Märchen schlechthin aus den Kinderzimmern verbannen, sehr wohl aber den doch aus reformpädagogischer Perspektive, und der hatte uns in dieser großangelegten Studie vorrangig zu interessieren, wollen wir es so sagen, eher den der schwarzen Pädagogik zuzurechnenden Erzählduktus zugunsten eines kind- und zeitgemäßen Erzählverfahrens, wobei mir der Aspekt der Zeitgemäßheit ein ganz wichtiger zu betonender ist, zwar nicht aufgeben so doch ein Stück weit zurücknehmen.

REPORTER: Wenn ich Sie richtig verstehe, Frau Professor Sontheimer-Milzenbrand, dann kann man sagen, dass Sie in ihrem Bereich die Märchen der Gebrüder Grimm zeitgemäß umschreiben und sozusagen auch weitgehend umdichten.

SONTHEIMER: Das könnte man so sehen, sicher, ich denke, wir haben uns bemüht, einige auch historisch bedingte Spezifika des Grimmschen Erzähltextes doch näher an den Verstehenshorizont von heutigen Kindern heranzuführen.

REPORTER: Um ein Beispiel zu nennen, das Märchen Rotkäppchen, weil ich gerade das Inhaltsverzeichnis des Buches vor mir liegen habe, das Märchen Rotkäppchen, wie würde das dann in der, sagen wir einmal, reformpädagogischen Version eigentlich ausschauen?

SONTHEIMER: Wenn Sie das Rotkäppchen erwähnen, da haben wir ein schönes Beispiel geradezu klassisch vorliegender Rollenklischees in gleichsam archaisierend-erotischem Gewand …

REPORTER: Also ich vermisse da zum Beispiel die Großmutter, die Großmutter kommt in ihren Märchen gar nicht mehr vor, wenn ich mich nicht irre.

SONTHEIMER: Sie haben recht, wir haben die sich veränderten sozialen Rahmenbedingungen in Rechnung gestellt. Das kleine

Mädchen besucht jetzt am Wochenende seinen leiblichen Vater, der mit der Mutter des Mädchens in Scheidung lebt.

REPORTER: Schauplatz ist aber nicht mehr der Wald.

SONTHEIMER: Vielleicht in einem übertragenen metaphorischen Sinne, nicht aber, und da geben wir Ihnen recht, nicht im eigentlichen Sinn. Unser Rotkäppchen besucht seinen Vater in einem typischen Stadtrandhaus, das Mädchen trifft auf eine geradezu prototypisch zu nennende Patchworkfamiliensituation.

REPORTER: Eigentlich ist mir beim Lesen auch der Wolf abgegangen.

SONTHEIMER: Wir haben uns nach reiflicher Überlegung, sind wir dann doch von dieser von Männerphantasien besetzten Figur abgegangen und haben uns für einen kleinen Kater entschieden. Das Rotkäppchen lernt auf der Fahrt in der Straßenbahn den kleinen Kater Purzel kennen und lädt diesen dann ein, ... aber wir möchten hier doch nicht das Ende unseres Märchens verraten.

REPORTER: Abschließend gestatten Sie mir noch eine Anmerkung: Warum eigentlich kein Jäger mehr?

SONTHEIMER: Letztlich und auch aus Gründen der Gendersymmetrie haben wir uns schließlich für eine Version entschieden, die Gewaltoption, in welcher Form auch immer, dezidiert ausschließt.

REPORTER: Verstehe. Ich denke, unsere Hörer können sich da auf eine spannende Märchenlektüre freuen.

Bei Professor SONTHEIMER-MILZENBRAND *läutet das Handy.*

SONTHEIMER: Einen Augenblick bitte ... Ja, Rudolf, ah du bist es, ja du, ich bin im Moment in einer wichtigen Besprechung ... Was? Der Noel Alexander? Schon wieder so unruhig? Drückst ihm halt das Moorhuhn noch einmal hinein. Damit habe ich ihn gestern drei Stunden lang ruhiggestellt. Alsdann Tschüss und alles Gute. *Sie legt auf.* Entschuldigen Sie, mein Mann, er hat unseren

Enkel Noel Alexander zur Betreuung. Der kleine Racker hält einen wirklich auf Trab. Aber ich muss jetzt wirklich, Herr Hornpostel, Sie entschuldigen.

Heimrad Bäcker[1]

1 kleines süßes Mädchen 1 rotes Käppchen 1 Stück Kuchen 1 Flasche Wein 1 Großmutter 1 Mutter 1 Wolf 1 Jäger 1 Wald 1 Haus 1 Tür 1 Klinke 1 fetter Bissen 2 Augen 2 Hände 1 Maul 1 Bauch 1 Schere 139 Blumen 29 Steine 1 Pelz 1 Dach 1 Sonnenschein 1 Dunkelheit 1 Büchse 1 Steintrog 1 Eimer 1 Wasser 2 Würste 1 Geruch 1 Nase 1 Hals

wohin so früh
was trägst du
wo wohnt deine
wer ist draußen

was hast du für große
was hast du für große
was hast du für große
was hast du für große

dass ich dich besser
dass ich dich besser
dass ich dich besser
dass ich dich besser

---

[1] Aus: Heimrad Bäcker: Grimms Nachschrift, 1986. Nach dem Bericht des Oberforstmeisters Franz Jäger von 1812.

Elfride Jelinek[1]

Ein unbekannter junger Mann hat der Mutter eine Tochter als Kopie in den Keller eingebaut, die Mutter hat das Tochterkind in ihrem Ofen ausgebacken. Sie hat ihre Weitergaben im Mutterkuchen zu Schaum verrührt und das Kind als knusprige Fleischbrezel in das Licht der Welt gepresst. Die Tochter ist der Mutter wie aus dem Gesicht geschnitten, die perfekte Zweitausgabe, der vollendete Raubdruck. Im Kind schlafen einbalsamierte Träume. Die Schöne soll es einmal besser haben.

Jahre später schimmert das drapierte Kind erdbeerrot zwischen den Bäumen. Der Lockvogel flattert abgerichtet durch den grünen Wald, die Leimrute ist ausgelegt, oben im Hochstand spielt der Jäger den Aufpasser. Der Köder ist ausgeworfen, zur Treibjagd geblasen wird erst, wenn die Made im Speck wohnt. Schon biegt der Manager Wolf mit seinem BMW Cabrio vom Pfad der Tugend ab in einen abseitigen Rayon, die Hand am Steuerknüppel, der Motor jault wie ein läufiger Hund, freudig wedelt der Schwanz mit dem Wolf. Überläufig nimmt er zitternd Witterung auf. Wurst zu Kuchen, Spargel zu Pflaume, das wird ein Mahl!

Es braucht keine Überredungskunst. Na Kleiner, wie wärs mit uns und der Wolf schnappt in die Falle. Rotkäppchen hebt den Pagenkopf und lüftet das Röckchen, der Sturmwind fegt über den Wolf, dass sein Stöckchen senkrecht steht. Er ist wie ein ausgetrocknetes Kamel, das zur Oase kriecht. Der Herr Manager geht vor dem Altar in die Knie und bittet um Einlass in den Tempel der Herrin. Er klopft mit seinem wachen Diener an die schmalen Säulen ihrer Schenkelpforte, noch lässt sie ihn abtropfen, vor dem Hochamt bit-

---

[1] Elfriede Jelinek: Frust, 1989.

tet sie zum Obulus. So jung und schon allein im Wald, der Wolf möchte ihr Begleitung antragen, sie lässt ihn im falschen Glauben, hält sie ihn doch längst an ihrer kurzen Leine, zerrt ihn ins buschige Unterholz und zeigt ihm, wo Bartl am Honigtopf nascht. Der Manager Wolf ist einer, der sich auszieht, um das Fürchten zu lernen, die Rotkäppchenmaus zieht ihm das Fell über die Ohren, sein haariger Stachel wackelt im Wind, eine Drohne, einmal stechen, dann hängt die Fahne schlapp. Mit rauher Zunge leckt ihr der Wolf die Quittung in die Garage, dann treffen sich Klingelbeutel und Sparbüchse und erledigen das Geschäftliche.

Jetzt wird der Brennstab eingefahren und das Naturkraftwerk geht in Betrieb, halbherzige Proteste werden ignoriert, die Grenzblockaden werden abgebaut, die Produktion wird rasch gesteigert. Der Wolf erhöht die Schlagzahl und gibt Gas, dass die Zylinder rauchen. Bei einem kurzen Boxenstop wird das Loch gewechselt und unter heftigem Brustgebimmel eine neue Runde eingeläutet. Rotkäppchen kommt schwitzend aus der Ecke, der Wolf geht in Deckung und legt einen Zahn zu, er zäumt das Pferd von hinten auf, und selbst wenn die Stute bockt, hat er die Zügel straff in der Hand und lässt es krachen, dass die Lefzen Schlaum schlagen. Mit knüppelharten Schlägen zwingt der Wolf das Käppchen auf die Matte und salutiert im Schweinsgalopp. Vom Steuermann kommen knappe Befehle, warum hast du so große Augen, jetzt werden die Segel gesetzt, dass die Takelage knarrt, und die Brüste rollen bei schwerer See. Dann wird die Kanone geladen und auf den Feind getrimmt, in einem Höllentempo, dass der Wind durch alle Ritzen pfeift. Jetzt hebt der Kantor an zu singen, was hast du für einen schönen Rosengarten, der Wolf als Schrebergärtner mistet aus, was das Zeug hält, was hast du für ein schönes Haus, was hast du für eine schöne Eingangspforte, durch die Rosette schimmert das milde

Nachmittagslicht, die Kathedrale widerhallt von den Schlägen der Pummerin, die Osterkerze verzehrt sich zur Auferstehung, die Führung durch diese Kirche findet bei jeder Witterung statt. Jetzt wird der Schofar geblasen, bald sieht die Vorsehung das Finale Grande vor, ein letzter Angriff auf den Strafraum, der Wolf ballert aus allen Rohren, Latte, Pfosten. Plötzlich ein Fallrückzieher. Das war ein Foul von hinten, so knapp vor Spielende, wo doch der Aufstieg so gut wie feststand, ein Pfiff, der dem Halali ein rasches Ende setzt. Der Jäger entpuppt sich als Rotkäppchens Libero, der zum Befreiungsschlag ansetzt, der Sensenmann, der den Wolf mit einem sauberen Blattschuss von hinten fällt. Und nach dem Spiel ist vor dem Spiel, das Rotkäppchen erhebt sich zum Erntedank wie Phönix aus der Asche, das, meine Damen und Herren, war der goldene Schuss, jetzt wird abgesahnt und abgeräumt und abmontiert und eingesackelt, der schlaffe Herr Wolf, seiner Seele beraubt, wird um seine Kreditkartensammlung erleichtert, das Rotkäppchen darf sich abwischen, sich ihrer Haut wieder sicher sein und kann sich zusammenklauben und sanieren. Arm in Arm mit dem Jäger verlässt es das Schlachtfeld, der Feldweg die Siegerallee, das Cabrio der Streitwagen. Und hinter den beiden schlagen die Wellen der Verschwiegenheit zusammen, der Dschungel verschlingt den Wolf, der für längere Zeit aus den Schlagzeilen verschwindet. Nachrufe im Wirtschaftsteil folgen später.

Wolf Martin[1]

In den Wind gereimt …

Mit roten Kappen schlecht getarnt
uns stets die Schickeria warnt.
Peymann, Heller, Jelinek,
es blökt im Chor ihr Meck-Meck-Meck.
Der Krone Wolf sie maßlos stört,
als ob sich solcher nicht gehört.
Obschon er, wie ihr sicher wisst,
ein sanfter Wolf im Schafspelz ist.
Darob die Chaoten – weil versessen –
die wahren Wölfe ganz vergessen:
die Asyl- und die Immigranten,
die unsre Heimat überrannten,
all die Schmarotzer, die indessen
den Kuchen uns vom Teller fressen.

[1] Wolf Martin: Ich und die Krone, die Krone und ich. Täglich seit mehr als zehn Jahren.

Fritz Lichtenauer[1]

Wos is des

A woif is des

A kappö is des
A rots

Erzö koane märchen

[1] Fritz Lichtenauer: rotkappömusta, 1990.

Thomas Bernhard

Großmutter, Mutter, Kind[1]

Während ich, solange die Großmutter gesund und also gut zu Fuß gewesen ist, am Dienstag mit meiner Tochter durch den Wald zu ihr gegangen bin, ging ich, nachdem die Großmutter krank und bettlägrig geworden war, auch am Donnerstag mit meiner Tochter durch den Wald zu ihr. Weil sie in der Woche, in der ein unglaublicher, die Nerven aufs äußerste anspannender Föhnsturm durch das Tal gefegt war, bereits am Dienstag mit ihrer Tochter durch den Wald zu ihrer Mutter, also der Großmutter, gegangen war, sei sie am Donnerstag nur mehr bis zur faulen Fichte, am darauffolgenden Dienstag (aus östlicher Richtung kommend) nur mehr bis zur Schottergrube, am darauffolgenden Donnerstag bei anhaltendem Föhnexzess nur mehr bis zum Waldrand mit der Tochter mitgegangen, sagt die Mutter, so der den Untersuchungsbericht verfassende Untersuchungsbeamte Scharrer. Aus einer plötzlichen Eingebung heraus, so die Mutter, so Scharrer, habe sie an jenem Donnerstag, bei Föhn (aus westlicher Richtung und also aus Richtung des Waldes kommend) bei der faulen Fichte angekommen, umgedreht und habe erneut in die entgegengesetzte, also die Wald- und also naturgemäß die östliche Richtung eingeschlagen. Während sie, solange sie mit ihrer Tochter, solange die Großmutter noch gut zu Fuß und gesund gewesen sei, durch den Wald gegangen sei, aus fortwährender Angst vor Verkühlung und Erkältung die Gewohnheit gehabt habe, den Mantel völlig geschlossen zu halten, habe sie an jenem Donnerstag, in der sie erneut von der faulen Fichte zur Schotter-

---

[1] Thomas Bernhard: Aus dem Mallorcinischen Nachlass. Portocolom, 1992.

grube bis zum Waldrand zurück und in den Wald hinein bis zum Haus der Großmutter gegangen sei, den Mantel infolge des Föhnsturms und in fortwährender Angst, ersticken zu müssen, tatsächlich und entgegen ihren sonstigen Gewohnheiten völlig offen getragen, so die Mutter, so der Untersuchungsbeamte Scharrer. Beim Gehen durch den nächtlichen Wald habe sie sich zunächst in einen fortwährenden und unentwegten Prozess des Gehens und Denkens hineinbewegt, zunehmend einerseits in einen Prozess großer Sorge um ihre bei diesem Föhnsturm vielleicht in unverantwortlicher Weise (bei Dunkelheit!) durch den Wald laufende Tochter befunden, andererseits sei sie wegen der plötzlich aufkommenden Föhnhitze in einen rasch unerträglich werdenden Zustand der radikalen Deprimation und trotz des völlig geöffneten Mantels in größte Angst vor einem Erstickungsanfall geraten, so die Mutter, so Scharrer. Angekommen vor dem Haus meinr Mutter, so die Mutter, angekommen also vor dem Haus der Großmutter, der Mutter der aussagenden Mutter, so der den Untersuchungsbericht verfassende Beamte Scharrer, bin ich, entgegen meiner Gewohnheit nicht sofort ins Haus eingetreten, was ich gemacht habe, solange meine Mutter, die Großmutter meiner Tochter, noch nicht verrückt und noch gut zu Fuß war, sondern habe erst durch das Fenster geblickt, so die Mutter bei der Vernehmung. Aufgrund einer unglaublichen Empfindsamkeit und übergroßen Sensibilität ihrerseits, so die Mutter, habe ihr der Anblick der in dem Haus versammelten Personen einen Schrecken und also einen Schock versetzt, genaugenommen sie augenblicklich in einen Zustand einer paranoiden Geisteslähmung versetzt. Die Großmutter sei in ihrem Bett gesessen und habe vor sich Wein und Kuchen ausgebreitet gehabt und mit dem aufgerichteten Finger in Richtung ihrerseits seitlich des Bettes stehenden Enkelkindes, also ihrer Tochter, so die Mutter, gezeigt, und ununterbrochen, von Erstickungsanfällen und für sie ungewöhnlichem, weil für sie ganz und gar nicht charakteristischen diabolischem, um nicht zu sagen, wölfischem Gelächter unterbrochen, nur mehr ununterbrochen den Satz *damit ich dich besser fressen kann* ausgestoßen. Entsetzt und wie unter Stupor im Fenster stehend bemerkte ich zum erstenmal ganz deutlich Anzeichen von Verrücktheit, sagt die Mutter zu Scharrer, worauf Scharrer sofort notiert, *die Mutter sagt in diesem Augenblick: zum erstenmal ganz deutlich Anzeichen von Verrücktheit.* Die Großmutter und also meine Mutter, so die Mutter, habe getan, als wolle sie tief einatmen und es hatte den Anschein, als gelänge es ihr nicht, worauf ihre Tochter, also ihr Kind, der Großmutter noch etwas sagen wollte, aber die Großmutter hatte keine Luft mehr und konnte, weil sie keine Luft mehr hatte, nichts mehr sagen außer *damit ich dich besser fressen kann, damit ich dich besser fressen kann, damit ich dich besser fressen kann* und ist auf der Stelle verrückt geworden und schließlich auf das rascheste und unverzüglich nach Steinhof eingeliefert worden. Auch später, nachdem die Großmutter verrückt und nach Steinhof hinaufgekommen war, sei die Mutter gewohnheitsmäßig am Dienstag und am Donnerstag mit ihrer Tochter den Weg von der faulen Fichte über die Schottergrube bis in den Wald hineingegangen, das Gerücht von einem Wolf aber, das angeblich vom Jägermeister Hollensteiner in die Welt gesetzt und auf perfide Weise verbreitet worden war, habe sich *niemals und in keinster Weise,* so die Mutter, als Wahrheit, sondern in jedem Fall als gemeinste und hinterhältigste Lüge herausgestellt, so Scharrer in seinem Untersuchungsbericht.

Henning Mankell[1]

Das rote Käppchen

Kurz vor Sjöbo bogen sie von der Hauptstraße ab. Der Beamte, der sie alarmiert hatte, hatte den Weg genau beschrieben. Die Strecke bis zum Campingplatz Orebackens war Wallander bekannt. Vor Jahren hatte er hier einmal wegen eines gestohlenen Wagens ermittelt. Der Campingplatz lag um diese Jahreszeit verlassen da. Die Läden der Rezeption waren verriegelt, an der Informationstafel hing ein zerrissenes Plakat vom letzten Sommer. Der Wind war stark und böig. Es hatte leicht zu regnen begonnen.
Sie fuhren auf einem holprigen, unbefestigten Weg in den Wald hinein. Nach ein paar hundert Metern konnten sie das Häuschen erkennen. Nyberg musste vor ihnen eingetroffen sein, ein Scheinwerfer seines Wagens hielt seinen Strahl auf den Eingang des Häuschens. Die Kollegen aus Sjöbo hatten den Tatort abgeriegelt.
Norén, der gefahren war, parkte außerhalb der Sperrzone zwischen den Bäumen, Wallander stieg aus und ging Nyberg entgegen. Nyberg sah müde aus. Vermutlich hatte er nicht geschlafen.
„Zwei Tote. Eine ältere Person und ein Kind. Vermutlich zwei Frauen. Sie sind so zugerichtet worden, dass sich das Geschlecht noch nicht mit Sicherheit feststellen lässt."
„Die Hütte war bewohnt?"
„Sie gehört einem Rechtsanwalt aus Ronneby. Wir haben bereits telefoniert. Er sagt, er sei seit mehr als einem Monat nicht mehr hier gewesen."

---

[1] Henning Mankell: Das rote Käppchen. Die Erstausgabe erschien unter dem Titel „Den röda luvan" 1992 in Stockholm.

Einer der Beamten aus Sjöbo, der Wallander offenbar erkannt hatte, kam mit einem Mann auf ihn zu. Es handelte sich um einen Forstarbeiter namens Jonas Lörrup, der als erster die Polizei alarmiert hatte. Bei der Fahrt zur Arbeit hatte er die aufgebrochene Hütte entdeckt. Sein Anruf war um sechs Uhr neunundvierzig entgegengenommen worden. Lörrup wirkte verstört und unruhig, ein Mann mit strähnigen blonden Haaren und einem festen Händedruck.

„Das hier war eigentlich immer eine ruhige Gegend", sagte Lörrup. „Hier passierte selten etwas Aufsehenerregendes. Nun scheint alles anders geworden zu sein."

„Nicht nur hier", wandte Wallander kurzangebunden ein. „Du sprichst von einer anderen Zeit."

Er bat Andersen, den Polizisten aus Sjöbo, die nötigen Formalitäten aufzunehmen. Er selbst wollte so schnell wie möglich an den Tatort.

Nyberg wartete schon auf ihn. Er reichte Wallander ein paar Gummihandschuhe. „Tu, was du nicht lassen kannst", sagte Nyberg. Wallander sah, wie der Techniker ein blutverschmiertes Brotmesser in einer Plastiktüte verstaute.

Der erste Eindruck ist entscheidend, dachte Wallander bevor er eintrat. Es war schlimmer, als er es sich vorgestellt hatte. Es war eine dieser einfach gebauten Hütten aus Holz, wie sie zu Tausenden in Schwedens Wäldern stehen, einfach möbliert, nur mit dem Nötigsten ausgestattet, einem kleinen Herd, einem Stockbett, zwei Hockern.

Alles war voller Blut. Eine dunkle Lache auf dem Boden, das Bettzeug blutgetränkt, blutverschmiert die Kommode, so als hätte sich jemand mit letzter Kraft daran festgehalten.

„Wenn du mich fragst," sagte Nyberg, „hier ist jemand mit einer

Brutalität vorgegangen, wie ich sie in langen Jahren noch nicht erlebt habe. Der Täter muss sehr kräftig gewesen sein. Die Opfer sind regelrecht in Stücke gerissen worden. Wahrscheinlich haben der oder die Täter auch ein größeres Tier, vielleicht einen riesigen Hund mit sich geführt. Wir haben Bissspuren an den Leichenteilen gefunden", sagte Nyberg und zeigte aus dem Fenster hinaus auf die Plastikfolie am Waldboden hinter der Hütte, auf der die Leichen abgelegt worden waren.

Wallander wandte den Kopf ab und ließ seine Blicke noch einmal durch den Raum schweifen. Auf dem kleinen Tisch lagen Essensreste, Scherben eines zerbrochenen Tellers, dazwischen Brösel von Brot oder Kuchen. Jemand musste bei dieser letzten Mahlzeit Rotwein getrunken haben. Die Flasche war umgekippt und hatte einen dunklen Fleck im gelben Tischtuch hinterlassen, war dann offenbar auf den Boden gerollt und geborsten. Wallander spürte, wie Glasscherben unter seinen Schritten knirschten.

Dann bückte er sich und schaute unters Bett. Dort im Staub lag ein kleines, rotes Strickkäppchen. Wallander dachte an die Lehrerin Anna Blomquist, die vor ein paar Tagen im Präsidium aufgetaucht war und das spurlose Verschwinden ihrer Tochter Katja gemeldet hatte. Noch war es zu früh, Schlüsse zu ziehen. Wallander schauderte. Was er jetzt am wenigsten gebrauchen konnte, war ein Mord an einem Kind. Nyberg riss ihn aus seinen Überlegungen. Er wollte ihm etwas zeigen, was er in der Nähe des Hauses gefunden hatte.

An der Seite der Hütte befand sich ein schmaler Holzzaun, dessen Funktion wohl darin bestand, feuchte Wäsche zu trocknen. Über den Zaun hatte jemand eine tote Katze gehängt. Vorsichtig hielt Nyberg den Kadaver hoch, um Wallander seine groteske Entdeckung zu zeigen: Die Tatzen des Tieres Tieres steckten in kleinen, schwarzen Kinderstiefeln. So als wollte jemand ein Zeichen geben, eine geheime Botschaft vermitteln. Unwillkürlich drehte sich Wallander um und schaute in den Wald hinein. Da war niemand. Leise raschelte das Laub im Regen.

„Der gestiefelte Kater", bemerkte Nyberg trocken. „Ein schlechter Scherz, aber ich fürchte, das hier ist kein Märchen."

„Zum Teufel, das ist es nicht", sagte Wallander.

Später fuhr Norén ihn nach Ystad zurück. Schweigend ließen sie das Programm aus dem Autoradio über sich ergehen. Der Wetterbericht kündigte die Verschlechterung an, die sich bereits abzeichnete. Bei der ersten Tankstelle nach der Stadteinfahrt bat Wallander seinen Fahrer, ihn aussteigen zu lassen. Er wolle sich noch ein wenig die Beine vertreten und würde zu Fuß in den Dienst gehen. Norén wünschte ihm einen guten Tag und fuhr davon. Wallander verspürte plötzlichen Heißhunger und kaufte sich am Kiosk neben der Tankstelle einen Becher Kaffee und einen Hamburger. Er setzte sich an einen der Holztische, obwohl die Sitzbank feucht war. Während er aß, bekam er die Bilder, die er vorhin gesehen hatte, nicht aus dem Kopf.

Etwas an diesem Fall erschreckte ihn. Als ob das Ganze erst begonnen hätte. Ich habe Angst, dachte er. Ich stecke in einer Sache, die ich nicht begreifen kann. Plötzlich wurde er von Müdigkeit und Verdruss überwältigt. Er verspürte den Wunsch, nach Hause zu fahren und auszuschlafen.

Er ging zur Tankstelle zurück. Die Angst und die Verdrossenheit wollten nicht verschwinden.

Der Tankwart rief ein Taxi. Noch während Wallander wartete, setzte der Regen wieder ein, stärker als zuvor. Nebelschwaden hingen über den Feldern. Nur langsam wurde es hell. Ein kühler, unfreundlicher Tag hatte begonnen. Bald würde der Winter ins Land ziehen.

Peter Turrini[1]

Großmutters Liebeslied[2]

Im Namen der Liebe
verschenken wir das Herz.
Ich verblute.

Rotkäppchens Liebeslied

Im Namen der Liebe
schaue ich in große Augen.
Ich vergehe.

Wolfs Liebeslied

Im Namen der Liebe
öffne ich das Maul.
Ich verdaue.

Jägers Liebeslied

Im Namen der Liebe
töte ich den Wolf.
Ich bedaure.

---

[1] Aus: Peter Turrini: Liebe und Hiebe, 1993.
[2] Bei dieser Strophe handelt es ich um den seltenen Fall, dass Original und Parodie zusammenfallen.

Liebeslied des Fleischhackers

Im Namen der Liebe
wetze ich das Messer.
Ich verwurste.

Peter Handke[1]

DREI AUFSTELLUNGEN DES ATSV WOLFSBERG
VON 1974/1994.

I

DANNHAUSER
HEU BLUM ROTH KAPPLER WOLF
BROD KNOFLICEK SAUERWEIN
MAUL PAPPLER

II

HAPPICH
PECK NAGL
SCHLATZER SAMER
SAUHAMMEL
WOLF FRASZ ROTHE KAPONEK TOTH

III

PUSCH
PUMM KNALLER
JÄGER SCHIESSWALD HATZ
WOLF TOTH
KOTZAUER ROTH KAIPEL

---

[1] Peter Handke: Salzburg, um 1995. Bei den genannten Namen handelt es sich ausschließlich um Spieler, die zwischen den Saisonen 1974/75 und 1994/95 in der österreichischen Bundesliga tätig waren.

Helmuth Schönauer[1]

Dass der Wolf
die Großmutter abfieselt
und das Rotkäppchen verputzt
leuchtet uns ja ein

Dass er den Graukas aber
stehen lässt
will einem Tiroler
nicht in den Schädel

[1] Helmut Schönauer: Verschimpelter Graukas, 1997.

Robert Menasse[1]

Dankrede anlässlich der Entgegennahme des Rotkäppchen-Literaturpreises

Meine Damen und Herren, als ich zu schreiben begann und also so unbekannt war, dass nicht einmal ich mich selbst so recht kannte, pinnte ich bei mir zu Hause einen Zettel an die Wand neben den Schreibtisch, einen Spruch Georg Christoph Lichtenbergs abwandelnd: „Was kümmert mich der Wald, so lange ich die Bäume sehe!" In der Zwischenzeit habe ich mich eines besseren belehrt und heute stehe ich vor Ihnen und nehme Ihren Beifall für die Zuerkennung des Rotkäppchen-Literaturpreises entgegen.

Aus diesem Anlass will ich laut vor Ihnen über den Wald und die Bäume nachdenken. Ich zitiere dazu aus jener Rede, die ich anlässlich der Eröffnung der Land- und Forstmesse in Frankfurt an der Oder 1995 gehalten habe. Ich sagte damals: „Was bewegt Sie, wenn Sie in den Wald gehen? Ich weiß nicht, was Sie bewegt. Wenn ich in den Wald gehe, bewegt mich, dass ich in den Wald gehe. Und dass ich allein es bin, der in den Wald geht. Und dass ich der einzige bin, den das bewegt. Mein Schreiben ist die Bewegung über mich, der ich in den finsteren Wald gehe. Allein und ohne Begleitung, darin dem Rotkäppchen gleich." Soweit ich in meiner Rede von 1995. Ich bitte Sie, mit ein klein wenig Geduld hinzunehmen, dass ich mich noch einige Male selbst zitiere. Wenn ich heute meine Rede von 1995 lese, verwundert mich augenblicklich zweierlei: erstens die Tatsache, dass diese Rede damals gelobt und nicht

---

[1] 2002. Die Zitate dieser Rede verdanken sich der sogenannten Menasseschen Methode, vgl. auch S. 143 dieser Ausgabe.

vielmehr zum Skandal gemacht wurde, und zweitens, dass mich meine damalige Rede auch heute noch auf geradezu bedrückende Weise bewegt.

Ich möchte vorausschicken, dass ich mich nach dieser Rede daran machte, meinen Roman „Der Schatten des Marmorkuchens der Großmutter des Häuschens im Wald" im Groben zu skizzieren. Im Verlauf dieses Romans macht die Großmutter eine Aussage, deren Bedeutung ihr erst klar wird, als es für sie schon zu spät sein wird. Der Satz lautet: „Wer als Rotkäppchen in den Wald hineingeht, braucht sich nicht zu wundern, wenn er als Wolf wieder herauskommt."

In meiner Rede anlässlich der Land- und Forstmesse in Frankfurt an der Oder, aus der ich jetzt ununterbrochen zitiere, machte ich darauf aufmerksam, dass Theodor W. Adorno in einer Sentenz über die Dialektik zwischen Rotkäppchen und dem Wolf wortgleich denselben Satz schrieb, allerdings ohne ihn als Zitat auszuweisen oder die Großmutter zu erwähnen.

Diesen Satz habe ich vor sieben Jahren geschrieben und ihn bekräftige ich heute vor Ihnen. Am provinziellen geistigen Zustand in Österreich hat sich seit damals nichts geändert. Ich weiß nicht, ob Sie wissen, wen Sie heute ausgezeichnet haben. Seien Sie sich dessen versichert, dass ich es weiß. Deshalb sage ich Ihnen nicht einfach Dank für diesen Preis, sondern vor allem auch: Dank dafür, dass Sie, ob Sie es wussten oder nicht, mich dafür ausgezeichnet haben, dass, wenn Sie es schon nicht wissen, ich es noch allemal weiß. So danke ich nicht nur ihnen, sondern auch mir dafür, was wir an mir haben. Ich danke Ihnen.

Hansi Hinterseer[1]
(am besten im Duett mit Claudia Jung)

Zum Fressen gern

1. Ich geh' im Wald für mich spazier'n
und seh' ein Kind im grünen Tann.
Ich denk', was kann denn schon passier'n?
Fass mir ein Herz und sprech' es an.

2. Es ist ein Mädel wunderschön,
ein rotes Käppchen auf dem Haar.
Willst, schönes Mädchen, mit mir gehen?
Sie schaut mich an und sagt gleich ja.

Refrain:
(Sie) Warum hast Du so große Ohren?
(Er) Damit ich Dich besser hören kann!
(Sie) Warum hast Du so große Augen?
(Er) Damit ich Dich besser sehen kann!
Mein Schatz, Du bist mein Morgenstern,
ich lieb' Dich und habe Dich zum Fressen gern!
Mein Schatz, Du bist mein Morgenstern,
ich lieb' Dich und habe Dich zum Fressen gern!

---

[1] Von der CD: Tief drin im Schmalz. Text: Bernd Meinunger und Norbert Hammerschmidt 2003. Musik: Rudi Habringer 2003. Noten beim Komponisten auf Anfrage erhältlich.

3. Mit Dir begann mein großes Glück,
ich fühl', es ist wie Zauberei.
Die Einsamkeit ließ ich zurück,
bist Du bei mir, dann bin ich frei.

4. Tief drin im Wald steht unser Haus
und in dem Haus ein Himmelbett.
Dahin geh' ich mit meiner Maus.
Sie schaut mich an und fragt kokett:

Refrain:
(Sie) Warum hast Du so große Hände?
(Er) Damit ich Dich besser spüren kann!
(Sie) Warum hast Du so große Lippen?
(Er) Damit ich Dich besser küssen kann!
Mein Schatz, Du bist mein Morgenstern,
ich lieb' Dich und habe Dich zum Fressen gern!
Mein Schatz, Du bist mein Morgenstern,
ich lieb' Dich und habe Dich zum Fressen gern!

5. Und kommt die Traurigkeit zurück,
und wird mir um das Herz so schwer.
Dann geh' ich in den Wald zurück
und schweife unruhig dort umher.

6. Schon seh' ich dieses Mädchen steh'n,
ihr rotes Käppchen leuchtet hell.
Mein Schatz, ich find Dich wunderschön!
Ich lach sie an und sie fragt schnell:
Refrain:

(Sie) Warum hast Du so blonde Haare?
(Er) Damit ich Dich besser fangen kann!
(Sie) Warum hast Du so weiße Zähne?
(Er) Damit ich Dich besser fressen kann!
Mein Schatz, Du bist mein Morgenstern,
ich lieb' Dich und habe Dich zum Fressen gern!
Mein Schatz, Du bist mein Morgenstern,
ich lieb' Dich und habe Dich zum Fressen gern!

Bekenntnisse, Blüten, Mutationen

In der Galerie

Eine Galerie, an den Wänden hängt die laufende Ausstellung. Vor einem abstrakten Bild Dr. Mag. Marghild Leupold-Posselt, die Kuratorin der Ausstellung und Gattin des Galeristen.

LEUPOLD-POSSELT
Tja, man muss natürlich schon sagen, der Kunstmarkt ist seit einiger Zeit heftigst in Bewegung, der amerikanische Markt ist ja wegen der Krise so gut wie eingebrochen, die Margen sind bei weitem nicht mehr das, was sie einmal waren, ich meine, die Zeiten, wo man wirklich, sagen wir, also sagenhafte Gewinne, also, wo sie uns die Bilder nur so aus der Hand gerissen haben, sind leider vorbei, die Kunde ist übersättigt, *Action Painting, Art Brut, die Neuen Wilden,* ich meine, wenn sie heutzutage up to date sein wollen, können sie mit solchen Sachen nicht punkten, das stellt ihnen heute schon jeder dahergelaufene Akademieabgänger als Massenware her, nein, für diese Ausstellung haben wir gedacht, wir konzipieren dual, einerseits glauben wir, dass der serielle Bereich durchaus noch nicht ausgereizt ist, es gehört zur Philosophie unseres Hauses, jungen, unbekannten Künstlern ein Forum zu bieten, da hätten wir zum Beispiel die junge Susanne Zankl-Knabenstätt mit dieser seriellen Arbeit, leicht ins Ironische gehend, mit einem Anteil, der durchaus auch bewusst ins Spielerische rein reicht, diese Reihung von 39 gebrauchten Babyschnullern, beachten Sie die Einbeziehung des gesamten Farbspektrums, durchaus dann auch interpoliert und sozusagen kontrapunktisch unterlaufen mit diesen industriell gefertigten Brustwarzen aus fleischfarbenem Gummi, 38 an der Zahl, die Arbeit nennt sich *Nukleus 38/39,* durchaus auch in ihrem doppeldeutigen Sinn, also vordergründig natürlich konnotiert mit

dem menschlichen Saugtrieb, auf einer semantischen Metaebene aber durchaus auch im Sinn von Nukleus, Kern, intendiert, sehr gediegen ausgeführt, wir haben erst gedacht, vielleicht ein bisschen riskant, Frau Susanne Zankl-Knabenstätt ist hochbegabt, aber leider sehr unbekannt, man sieht aber, manchmal ist die Sorge unberechtigt, gestern war ein Stammgast unseres Hauses aus Hokaido bei uns, ein sehr netter Gast, und hat bereits geordert, wenn Sie sich dafür interessieren, muss ich Sie leider enttäuschen, die Serie ist bereits verkauft, wir haben auch Brötchen oder wenn Sie eine kleine Erfrischung nehmen wollen, ich meine, was immer auch ein wichtiger Bereich der Kunst war, der provokative, um nicht zu sagen, evokative Charakter, die Rahmenbedingungen haben sich natürlich schon erheblich, ich meine, einerseits können sie heute mit nichts mehr provozieren, andererseits verschieben sich die Grenzen der politischen correctness, ich meine natürlich, mit faschistischem, rassistischem, antisemitischem Gedankengut möchte man wirklich nichts zu tun haben, aber, um mit Adorno zu sprechen, wenn das Profane heilig wird, osmotisiert tendenziell die Provokation zur Beiläufigkeit, und das will man doch wirklich nicht, wir sind dann doch noch fündig geworden, erstaunlicherweise legt das Christlich-Emblematische wieder deutlich zu, also der ganze katholische Kontext ist schon fast wieder so was wie der Bringer von morgen, um dieses Feld auszuloten gings mir denn auch im zweiten Teil unserer Exposition, wir haben da einen jungen Künstler, Jens Uwe Beutler, sehr begabter junger Mann, eher der Schule der Konkret-Abstrakten zuzurechnen, war übrigens auch schon auf der Auswahlliste für die Biennale, Sie sehen da, sehr abstrakter Duktus mit kräftigem Strich und doch deutlichen Titeln, als da hätten wir einmal *Magdalena bläst den sterbenden Christus* hier etwa, oder auch *Maria besorgt es sich mit einem Kruzifix aus Leder,* oder auch *Unbekannter Simonist trägt Jesus das Kreuz zur Säge*, ein jugendlicher, unverwechselbarer Stil mit einem Zug ins Frech-Authentische, ich meine, zugegeben nicht ganz unriskant, Sie wissen ja, es gibt leider noch reaktionäre Katholen ohne Zugang zur Moderne, aber das Problem hat sich von selbst gelöst, wir haben gute Kundschaft aus dem Golf, die sehen das nicht so eng, eine Kundschaft, muss ich Ihnen sagen, die müsste man erfinden, wenn es sie nicht gäbe, und ich sage Ihnen ganz im Vertrauen: Für diese Kunst bekommen Sie ein Schweinegeld, damit kann man sich dumm und dämlich verdienen und kann nicht einmal wirklich etwas dafür.

Die Notlösung

In einem Restaurant. Weitläufiger, beinahe leerer Speisesaal. Der Abgeordnete und Bezirksparteiobmann Willi Pörner spricht leise in ein Mikrophon.

PÖRNER

Off records gesprochen jetzt einmal, ich meine, wir verstehen uns, kein Mensch hat diese, nennen wir das Kind beim Namen, diese Erdrutschniederlage kommen sehen. Die letzte Wahl hat uns regelrecht dezimiert, abgeordnetenmäßig ist es zu einem massiven Kompetenzenengpass gekommen, nicht. Ich sage das in aller Deutlichkeit. Zwei Faktoren haben zusammengespielt, einerseits die Wahlniederlage und andererseits unser Kultursprecher Möchtler, wie Sie sicher wissen, ist kurz nach der Wahl mit Herzflimmern außer Gefecht gesetzt worden und hat ein extra großes Loch in unsere Reihen gerissen, der Hubert hat mich extra an sein Krankenbett holen lassen und mir seine Agenden übertragen, ich sage noch, Hubert, du weißt, dass ich bisher in erster Linie für die Wildbachbebauung und Sonderprojekte, also Brücken, Tunnels und so weiter zuständig war, Sektion Verkehr und Handel und diese Sachen, der Hubert hatte ja seit fünf Jahren die Bildung und den Kultus über und hat das gemacht wie kein zweiter, und sein Angebot kam plötzlich und rasch, Willi, sagt der Hubert zu mir, die Lage ist ernst, wir haben einen Engpass und ich krieg in Kürze den zweiten Bypass, es ist so, du wirst meine Agenden übernehmen, wir haben keinen anderen mehr, und jetzt denken Sie sich einmal in meine Lage, man kann doch nicht nein sagen und da haben sie mir halt auch noch die Kultur hinaufgedübelt.

Off records gesprochen muss ich sagen, eine Notlösung, eine Lösung aus einer wirklichen Not heraus, nicht. Ich habe mich breittreten lassen, sagen wir es, wie es ist, ich will gar nichts beschönigen, Hubert, habe ich gesagt, du weißt, Kultur und diese Sachen sind im Prinzip nicht das Primäre bei mir, im Theater war ich, glaube ich, vor 25 Jahren in der Hauptschule im Rahmen der Wienwoche, mit der Literatur habe ich es auch nicht so mächtig, man kommt ja kaum mit dem Lesen der Gesetzesvorlagen zusammen, ich sage immer, die großen Klassiker, die Russen und so weiter, das muss warten bis zur Pension, aber, sage ich zum Hubert, ich möchte und ich werde mich nicht querstellen, wenn die Partei ruft, bin ich bereit und so bin ich Kultursprecher geworden.

Ich meine, ab und zu kann man sich auch einmal vertreten lassen, was die Reden betrifft, manches macht unser Bezirkssekretär, der leitet in seiner Gemeinde die Bücherei und spielt Klarinette, und ansonsten repräsentiert man, was ich sage: Die Klientel ist halt eine andere als früher. Früher war ich auf vielen Bauverhandlungen, man hat sich gekannt mit der Zeit, diese vielen unbekannten Gesichter jetzt, diese Künstler, diese Kunstmanager, diese Kunstarbeiter! Wo ich mir wirklich schwer tue, sind diese vielen Vernissagen, ich muss Ihnen sagen, kaum eine Woche ohne Vernissage, es ist eine Plage, wer dieses Milieu nicht kennt, diese Massenansammlungen in Schwarz und diese vielen Hornbrillen und Pferdeschwanzerlträger, so viele Hornbrillen habe ich seit den fünfziger Jahren nicht mehr gesehen. Ich meine, ich halte Distanz, ich vermeide es direkt auf die Kunst einzugehen, ich sage ein bisschen was, ziele aber eher ins Allgemeine, zitiere ein bisschen, Adorno oder Adalbert Stifter oder Rosegger, je nach Milieu und sonst halte ich mich zurück mit Kommentaren, die Künstler wollen ja immer wissen, wies gefällt, ist schon eine große Mühe, sage ich dann, dieses

Künstlerleben, aber sonst halte ich mich zurück. Off records gesagt, manchmal wird mir diese Künstlerluft zuviel, ich habe den Hubert vor kurzem gefragt, wie bist du mit dem fertig geworden, was da alles in den Ateliers und Galerien herumhängt, wie hast du das geschafft, neulich habe ich eine Ausstellung eröffnet mit Werken von dem Jens Uwe Beutler, der hat getrocknetes Obst aufgepinnt gehabt auf grobes Leinen und ausgestellt.

Ich sage Ihnen in aller Deutlichkeit, das macht mein kleiner Marcel, mein Enkerl, besser, der Kleine ist fünf, die haben das mit dem Obst im Kindergarten gebastelt, und ich sage Ihnen, letzten Sommer, wir haben einen Swimmingpool im Garten, der Kleine kommt uns ja oft besuchen, letzten Sommer lege ich ihm ein weißes Leintuch aus im Garten und stelle ihn in meine alten Gummistiefel, drücke ihm einen Eimer mit roter Acrylfarbe und einen Malerpinsel in die Hand und bitte ihn, er soll die Farbe über dem Leintuch ausschütten und ein paarmal drüber gehen. Haben wir ein Schüttbild gemacht, ich sage Ihnen, im Adventmarkt bei unserem Charitymarkt, da haben wir das dann verkauft, habe ich dem Marcel sein Bild einem Autohaus in Schlierbach angedreht, so aus dem Stand heraus für einen Preis, der sich gewaschen hat.

Ich sage immer, Hubert wie schaffst du das, sagt er, Willi, nichts für ungut, es hat mich geschafft und zeigt auf seine Pumpe. Früher habe ich geschlafen wie ein Ratz, sag ich Ihnen, wie ein Ratz, jetzt werde ich gegen drei, vier Uhr wach und denke an meinen Terminkalender: Schon wieder ein Konzert mit Ansprache, schon wieder eine Ausstellung, schon wieder eine Vernissage. Da kriegt man direkt Magendrücken. Ich sage mit aller Deutlichkeit Ja zur Kunstförderung, aber bitte nur dann, wenn ich mir nicht alles anschauen muss, ich habe zu Hause einen Sonnenaufgang hängen, einen Salzkammergutsee mit Hirschmotiv, und ich muss sagen, wir fahren gut damit, das schmückt das Wohnzimmer, ohne weh zu tun. Off records gesagt, die moderne Kunst geht mir nicht ab, könnte ich wirklich nicht sagen. Wie heißt es so schön: Was gestrichen ist, kann nicht durchfallen, aber ich sage Ihnen in aller Deutlichkeit, bei vielem, was heute so gestrichen wird, bekomme ich Durchfall, so sehe ich das.

Die österreichischen SchriftstellerInnen.
Wesen und Eigenart[1]

1. Der Anfänger:
Der Anfänger schreibt aus dem Bauch heraus. Er möchte einmal
ein berühmter Dichter werden. Lyrik und fragmentartige Kurzprosa
sind seine bevorzugten literarischen Gattungen. Der Anfänger ver-
vielfältigt seine Texte selbst und liest sie gern im Freundes- und
Verwandtenkreis vor. Ab und zu verfasst er einen Leserbrief, der in
der Bezirkszeitung abgedruckt wird. Den Leserbrief schneidet der
Anfänger aus und klebt ihn in ein Heft. Bevorzugte Themen: Die
Liebe, das Leben, die Sehnsucht, die Parkplatznot (als Leserbrief).
Der Anfänger lebt innerhalb von Österreich und müsste laut
Bekanntenkreis eigentlich entdeckt werden. Manchmal gründet er
eine Literaturzeitung, in der dann seine und Texte der Freunde er-
scheinen. Er möchte einmal ein von ihm selbst geschriebenes
gedrucktes Buch in Händen halten.

2. Die mäßig Fortgeschrittene:
Die mäßig fortgeschrittene (m. f.) Schriftstellerin schreibt, weil ihr
Schreiben mehr als ein Hobby ist. Sie möchte einmal eine
berühmte Schriftstellerin werden. Sie ist Mitglied in einem Buch-
klub und möchte so viele Bücher schreiben wie Henning Mankell
oder Donna Leon. Die m. f. Autorin besucht ein Schreibseminar an
der Volkshochschule und trifft sich mit Gleichgesinnten in einer
Autorenrunde, in der auch eigene Texte vorgelesen werden. Bevorzugte Gattung: Lyrik, fragmentartige Kurzprosa, Romananfänge.

---

[1] Der Text verwendet abwechselnd die männliche bzw. weibliche Form.
Gemeint sind jeweils beide Geschlechter, AutorInnen und Autoren.

Der erste Roman ist schon lange in Planung und eigentlich beinahe fertig. Sie träumt davon, einmal als freiberufliche Schriftstellerin leben zu können. Schon kann sie auf erste Veröffentlichungen in Bezirkszeitungen, selbstgegründeten Literaturzeitschriften oder selbstgegründeten Kleinverlagen verweisen. Bevorzugte Themen: Die Liebe, das Leben, das Leben, wie es wirklich ist, der Urlaub. Die m. f. Autorin hat auch schon einige Lesungen abgehalten. Die Lesungsbesprechungen werden aus der Zeitung ausgeschnitten und in einer Mappe aufbewahrt. Als erste Auszeichnung für die schriftstellerische Leistung ist ein Preis beim Literaturwettbewerb der Volkshochschule denkbar. Die m. f. Autorin lebt in Österreich, vornehmlich auf dem Land. Manchmal schreibt sie als freie Mitarbeiterin beim Bezirksblatt. Ist das nicht der Fall, kennt sie einen Journalisten, der beim Bezirksblatt schreibt. Zu ihren persönlichen Bekannten zählt auch jemand, der beim ORF arbeitet (z. B. im Archiv oder in der Marketingabteilung). Die m. f. Autorin träumt von einer Romanveröffentlichung in einem österreichischen Verlag.

3. Der Fortgeschrittene:
Der f. Autor schreibt aus dem Kopf heraus und möchte einmal ein anerkannter Schriftsteller werden. Der f. Autor hat vielfach Germanistik studiert, jedenfalls weiß er, „wie man schreibt". Der f. Autor hat sich vor ein paar Jahren zur Freiberuflichkeit entschlossen und schlägt sich mit schreibnahen Auftragsarbeiten durch. So arbeitet er als freier Mitarbeiter für die Bezirkszeitung und verfasst Rezensionen über Lesungen von Volkshochschulschreibseminaren, oder produziert als Ghostwriter Diplomarbeiten oder Dissertationen für Langzeitstudenten. Der f. Autor kann schon auf eine Reihe von Veröffentlichungen, entweder in selbstgegründeten Kleinverlagen oder anderen österreichischen Verlagen verweisen.

Bevorzugte Themen: Die Kompliziertheit der Liebe, die Endlichkeit des Lebens, die Komplexität der Gesellschaft, die Dumpfheit des österreichischen Landlebens (wenn der f. Autor in der Stadt lebt), die Arroganz der Städter (wenn der f. Autor am Land lebt), Österreich als Problem. Bevorzugte Gattungen sind entweder experimentelle Lyrik, Kurzprosa, Romane. Mehrere Romananfänge liegen in der Lade. Möglicherweise ist ein Roman bereits veröffentlicht. F. Autoren, die nicht recht vorwärts kommen, wechseln häufig das Genre, werden Journalisten oder gehen zum Rundfunk. Bereits veröffentlichte Texte werden gerne zu Hörspielen oder Theaterstücken umgemodelt und zweitverwertet. Der f. Autor ist gern gesehener Lesegast in Schulen, Kulturvereinen und Pfarrbüchereien. Er kann auf erste Literaturpreise verweisen und ist im Durchschnitt 45 Jahre alt. Vor wenigen Monaten hat er einen Talentförderungspreis erhalten. Er lebt entweder abgeschieden und unbekannt auf dem Land, oder unbekannt in Wien. Der in Wien lebende f. Autor kennt die gesamte literarische Szene und versucht, in die richtige Clique zu kommen. Er kann auf eine Menge von in der literarischen oder journalistischen Szene tätigen Personen verweisen, die ihn a) bewusst ignorieren, b) persönlich verhindert, c) gefördert und in ihre Abhängigkeit gebracht haben oder d) zu einem renommierten Verlag vermitteln wollen. Der f. Autor kennt jemanden persönlich, der in der Kulturredaktion des ORF arbeitet und versprochen hat, für ihn „etwas zu tun". F. Autoren können auf eine Reihe von Rezensionen in österreichischen Tageszeitungen verweisen, die vornehmlich von Autoren der fortgeschritten fortgeschrittenen Autorenkategorie verfasst worden sind. Der f. Autor gehört zu der Gruppe von Autoren, die regelmäßig um staatliche Stipendien ansuchen und ebenso regelmäßig abgelehnt werden. Er fühlt sich daher zu Unrecht übergangen und übersehen. Dennoch ist der f. Autor ein für das Stipendienwesen wichtiges Element, weil er durch Quantität das Stipendienwesen erst rechtfertigt. Der f. Autor wünscht sich eine Buchpublikation bei einem deutschen Verlag. F. Autoren unter fünfunddreißig möchten gern einmal zum Bachmannpreis eingeladen werden.

4. Die fortgeschritten fortgeschrittene Autorin:
Die f. f. Autorin veröffentlicht ihre Bücher bei einem deutschen Verlag. Sie lebt in Wien und verbringt den Großteil des Jahres im Ausland. Die f. f. Autorin schreibt aus Wut a) an der Welt, b) über ihr fortgeschrittenes Alter, c) über Kritiker und Germanisten, die ihr Werk nicht in angemessener Weise zu würdigen wissen. Sie schreibt regelmäßig Rezensionen (über f. Autoren) in österreichischen Zeitungen und kann selbst auf eine stattliche Zahl von Besprechungen (aus ihrer Sicht viel zu wenigen) in deutschen Feuilletons verweisen. Die f. f. Autorin fühlt sich verkannt und bewusst verfolgt. Wenn ihr Name in Lexika oder Artikeln überhaupt genannt wird, so wird doch das Werk unvollständig oder in kompromittierender Absicht genannt. Der f. f. Autorin weiß, dass die Chance, in germanistischen Beiträgen genannt zu werden, mit der Zahl der Österreichbezüge in den Texten steigt. Das bevorzugte Thema der f. f. Autorin ist mit mehreren Personen der Kulturredaktion der Zeitungen und im ORF bekannt, die sie jederzeit anrufen und denen sie bei einem Kaffee ein neues Projekt vorschlagen kann. Sie hat im Prinzip alle in Österreich erhältlichen Literaturpreise erhalten und gehört, falls sie nicht selbst Jurymitglied ist, zu den regelmäßigen Nutznießern der staatlichen Stipendien. Unverständlich ist der f. f. Autorin, warum sie verhältnismäßig wenige Preise im deutschen Ausland erhalten hat. Sie kann ihre Texte regelmäßig in den Literatursendungen des ORF platzieren und ist

häufig Gast in den Literaturhäusern. Regelmäßig fährt sie zu den Buchmessen nach Frankfurt und Leipzig und trinkt sich bei den Verlagsempfängen einen Schwips (bei Autoren: einen ordentlichen Rausch) an oder beginnt eine Kurzaffäre mit dem Lektor eines deutschen Verlages. Eine richtige f. f. Autorin hat selbstverständlich schon in Klagenfurt gelesen, ist dort aber zu Unrecht von der Jury verrissen worden. Sie war schon zu Gast in allen österreichischen Auslandskulturinstitutionen und hat mit den für das literarische Programm zuständigen Attachés zu Abend gegessen. Sie träumt davon, wenn nicht den Büchner-Preis, so vielleicht doch einmal den Hölderlin-Preis der Stadt Homburg zu bekommen.

5. Die S-Klasse (Autoren der Sonderklasse):
Der Schriftsteller der S-Klasse schreibt aus dem Bauch heraus und weil er ein Schriftsteller ist. Er lebt vorwiegend im Ausland, meistens an mehreren Orten gleichzeitig und hat in Österreich erreicht und bekommen, was zu bekommen war. Die Würdigungen im Ausland könnten ruhig noch ein bisschen zahlreicher ausfallen. Der S-Klassen-Schriftsteller, der sich selbst als Dichter bezeichnet, arbeitet in erster Linie an seinem Nachruhm, eine schwere, eine undankbare, eine unbedankte Arbeit. Bevorzugtes Thema: Er bzw. sie selbst, bzw. das persönliche Verhältnis von ihm oder ihr zu Österreich. Österreich, das ist der Staat und das sind seine kunstfeindlichen Einwohner. Vom Staat lässt man sich ehren, den Staat kritisiert man, aus Österreich wandert man aus und wieder zurück, man lässt Werke in Österreich verbieten, man verbietet Aufführungen an Theatern und lässt sie zwei Jahre später wieder zu. Schriftsteller der S-Klasse werden vom ORF zu Auftritten eingeladen, von Zeitungsredaktionen um feuilletonistische Beiträge gebeten. Da heute kein Mensch mehr längere Romane liest, ist das Feuilleton die

wichtigste literarische Gattung der S-Klasse. Ein Dichter der S-Klasse setzt sich dann ins Blatt, wenn er es für die Leser für wichtig und für sich persönlich für notwendig hält. Der Dichter der S-Klasse ist mit den prominentesten Publizisten und Germanisten des Landes entweder befreundet oder verfeindet. Mit den Freunden fährt er gerne gemeinsam zu germanistischen Symposien ins Ausland, mit den Freunden besetzt er die staatlichen Literaturjurien. Der Dichter der S-Klasse nimmt zur Kenntnis, wenn über ihn dissertiert wird. Befindet sich der S-Klassendichter gerade in Wien, sitzt er in seinem Stammcafé und möchte dort auch gesehen werden. Auch zu Politikern bestehen intensive Kontakte, die nicht darauf beruhen müssen, dass die Politiker die Werke der Freunde auch tatsächlich lesen. Die S-Klasse der Dichter ist, kann man sagen, dünn besiedelt. Dichter der S-Klasse sind deswegen untereinander freundschaftlich verfeindet. Dichter der S-Klasse besitzen den Einfluss, Autoren niedrigerer Kategorien zu fördern oder zu verhindern. Im Zweifelsfall verhindern sie, weil immer die Gefahr droht, selbst übergangen, verkannt, oder gar zurückgestuft zu werden. Der Dichter der S-Klasse ist berühmt, hält dieses Prädikat persönlich aber für lächerlich. Allerdings ist er beleidigt, wenn er übersehen wird. Das kommt leider nicht selten vor. Er braucht seine Beleidigtheit nicht hinunterzuschlucken, sondern kann sie in einem Statement in der Zeitung veröffentlichen. Der S-Klassendichter stirbt in der Gewissheit, dass sein Werk zum engen und bleibenden Kanon der österreichischen Literatur gehört. Er wundert sich nur, warum er den Nobelpreis noch immer nicht erhalten hat.

Das Menassesche Zitationsverfahren

Der österreichische Schriftsteller Robert Menasse, Verfasser einiger bedeutender Romanwerke und Träger mehrerer wichtiger deutschsprachiger Literaturpreise, hat in seiner Dankesrede anlässlich der Entgegennahme des Hölderlin-Preises der Stadt Bad Homburg im Juni 2002 Passagen aus einer anderen, von ihm, Robert Menasse, verfassten Rede zitiert, die er, Robert Menasse, anlässlich der Eröffnung der Frankfurter Buchmesse 1995 gehalten hatte. Menasse zitierte dabei unter anderem einen Satz des Rabbi Samuel Menasse ben Israel aus dem 17. Jahrhundert, der die Geschichte der Inquisition und zugleich seine Familiengeschichte zu reflektieren versuche: „Was einmal wirklich war, bleibt ewig möglich."[1] Robert Menasse hat die Geschichte des Rabbi nach seiner Frankfurter Rede übrigens in seinem Roman „Die Vertreibung aus der Hölle" verarbeitet.

In seiner Homburger Dankesrede wies Robert Menasse darauf hin, dass er in seiner Frankfurter Eröffnungsrede, „aus der ich jetzt unentwegt zitiere", so Menasse in Homburg, darauf aufmerksam gemacht habe, „dass Theodor W. Adorno in einer Reflexion über Auschwitz wortgleich denselben Satz schrieb, allerdings ohne ihn als Zitat auszuweisen oder den Rabbi zu erwähnen. Vielleicht kannte er den Rabbi und seine Schriften gar nicht, er formulierte nur identisch."

Einem Professor am Institut für Verkehrsplanung der Technischen Universität Wien, der die Homburger Rede Menasses mit großem

---

[1] Robert Menasse: Igel, Hase und Lehre des Rabbi. Dankrede zum Hölderlin-Preis der Stadt 1 Homburg. In: Frankfurter Allgemeine Zeitung vom 15. Juni 2002, S. 57.

Interesse gelesen hatte, waren nach der Lektüre der Rede Zweifel an der historischen Tatsächlichkeit des dem Rabbi (der tatsächlich von 1604 bis 1657 gelebt hat) in den Mund gelegten Satzes gekommen.[2] In einer Mitteilung bestätigte Robert Menasse dem Professor für Verkehrsplanung darauf hin, dass „die Geschichte natürlich erfunden ist" und dass er, Menasse, gedacht habe, „dass dies nach seinem Roman klar wäre", so der Professor in einem Zeitungsartikel, in dem er die Geschichte seines Lektürezweifels darlegte. Den Professor, dem nun auch Zweifel an der Richtigkeit des Adornozitates gekommen waren, erkundigte sich schließlich beim Theodor-Adorno-Archiv in Frankfurt am Main, wo ihm beschienen wurde, dass besagtes Zitat in Adornos Schriften nicht vorkomme.

Festzuhalten bleibt folgender Vorgang: Der Schriftsteller Robert Menasse hält in Bad Homburg eine tatsächliche Rede, in der er seine tatsächliche Frankfurter Rede zitiert, in der er einen erfundenen Satz des tatsächlich gelebt habenden Rabbi Samuel Menasse und eine erfundene Zitation dieses Satzes durch Theodor Wiesengrund Adorno zitiert. Festzuhalten bleibt nebenbei auch, dass ein gesundes Selbstbewusstsein Robert Menasse darauf vertrauen lässt, dass ein von ihm verfasster Satz sich einem Eröffnungs- und Dankredenpublikum locker als ein von einem berühmten und verehrten Philosophen verfasstes Zitat verkaufen lässt.

Ein zitationsmäßig einigermaßen komplizierter Vorgang.

Sollte diese Zitierpraxis, die als das sogenannte Menassesche Zitationsverfahren bezeichnet werden kann, allerdings Schule machen, so würde in Hinkunft wohl nicht mehr was gesagt wurde, sondern

---

2 Peter Cerwenka: Wie weit darf dichterische Freiheit gehen? In: Die Presse, 16. Oktober 2002, S. 2.

wer etwas gesagt habe, von entscheidender Bedeutung sein. Auf diese Weise müsste es auch weniger geübten Rednern möglich sein, diverse Eröffnungs- und Dankesreden durch Zitate namhafter Zeitgenossen und Zeitgenössinen zu spicken.

Lassen Sie uns schließen mit den Überlegungen einiger großer Denker:

„Der Bürger wünscht die Kunst asketisch und das Leben üppig; umgekehrt wäre es besser." (Theodor Adorno, Ästhetische Theorie)

„Vision ist nicht die Kunst, die einem den Arzt erspart." (Jonathan Swift)

„Wenn die Glocken Sturm läuten, suchen die Vögel Deckung." (Georg Trakl, Verfall)

„Ändere die Welt: du hast es nötig." (Bert Brecht)

„Eher geht ein Kamel in ein Gurkenglas, als die Liebe durch den Magen des Bösen." (Matth. 19, 61)

„Durch Demonstrationen erzwingen wir Aufmerksamkeit für die T-Shirts, die wir selbst bemalt haben." (Jürgen Habermas)

„Wer ein Maultier ohne Fehler möchte, muss es schlachten." (Spanisches Sprichwort)

„Man kann lernen von jedem, der bewusstlos ist." (Peter Handke)

„Der Dichter schreibt die Rechnung, der Leser zahlt." (Karol Irzykowski)

„Wer einmal mit dem Atmen angefangen hat, wird sich hüten, es nicht immer wieder zu tun." (Karl Robert Sendelsburner)

usw. usf.

Unbekannter französischer Text von Thomas Bernhard aufgetaucht

Vor zwei Jahren erreichte mich eine Anfrage der rührigen französischen Herausgeberin und Dramaturgin Barbara Hutt, einen Beitrag für einen groß angelegten Sammelband über Thomas Bernhard zu verfassen. Meinem Artikel über das journalistische und literarische Frühwerk Bernhards legte ich zwei satirische Texte mit Bernhardbezug bei, die ich in meinen Band „Bernhard Minetti geht turnen" aufgenommen hatte.

Darunter war auch eine Replik, die ich 1984 auf eine damals in der Satirezeitung *Watzmann* veröffentlichte Bernhardparodie geschrieben hatte. Die Qualität dieser Parodie erschien mir, der ich damals sozusagen gerade in der Hochblüte der *Bernhardinerei* stand und mich stilistisch relativ firm fühlte, derart dürftig, dass ich beschloss, der Redaktion des *Watzmann* einen kleinen Streich zu spielen. Flugs verfasste ich einen typischen Bernhardschen Leserbrief und ließ diesen unsigniert von meinem Schwager, einem geborenen Ohlsdorfer, am dortigen Postamt aufgeben. Das kleine Spiel ist nicht aufgegangen: Der Leserbrief wurde nicht veröffentlicht, das Erscheinen der Zeitschrift *Watzmann* kurze Zeit später bedauerlicherweise eingestellt. Mein Text verschwand für mehr als ein Jahrzehnt in der Schublade, ehe er, wie oben erwähnt, das Licht der Öffentlichkeit erblickte und ich ihn später Madame Hutt zur Kenntnisnahme nach Paris sandte.

Als ich Monate später die Druckfahnen meines Beitrages übermittelt bekam, konnte ich erstaunt feststellen, dass nicht nur mein wissenschaftlicher Beitrag, sondern *tiens!* auch die Leserbriefparodie ins Französische übertragen worden war. In einem Brief wies ich noch einmal auf den satirischen Ursprung und meine Urheberschaft hin, die Dinge hatten allerdings schon ihren Lauf genommen. Im druckfertigen Prachtband (das Buch hat 480 Seiten auf Hochglanzpapier) hatte sich der Leserbrief nun in einen echten Thomas Bernhard-Text verwandelt, wenn auch in einen französischen. (Übersetzung: Olivier Mannoni)

Und weil nicht sein kann, was nicht sein darf, wurde als Erstveröffentlichungsquelle naturgemäß der *Residenz*-Verlag, nicht aber der *Resistenz*-Verlag angegeben.

Auf diese Weise wurde somit ein original französischer Bernhardtext in die Welt gesetzt.[1] Ich warte jetzt entspannt und geduldig auf eine Rückübersetzung ins Deutsche.

---

[1] Vgl. Thomas Bernhard: À la rédaction du Watzmann. In: Pierre Chabert, Barbara Hutt (Hg.): Thomas Bernhard. Minerve, 2002, 275f.

Minetti mutiert[1]

Die Festveranstaltung der Stadtbücherei Traun, zu welcher der
Autor R. H. im vergangenen November als Vortragender eingeladen worden war, entwickelte sich zu dessen Erstaunen in einigen
Aspekten tatsächlich so, wie er sie in seinem Text „Bernhard
Minetti geht turnen", den zu lesen ihn die Leiterin der Bücherei
bat, schriftlich dargelegt hatte:
Nachdem zwei der Festredner, die für Kultur zuständige Stadträtin
sowie der Landeshauptmann von Oberösterreich, ein geborener
Trauner, der sich in seiner Rede daran erinnerte, vor Jahrzehnten
als Ferialpraktikant in der Bücherei zerschlissene Buchumschläge
erneuert zu haben, wegen anderweitiger Verpflichtungen vorzeitig
die Veranstaltung verlassen mussten (wie in „Minetti" beschrieben), rief der Obmann der Bücherei den anwesenden Autor, den er
vorher in einer langen Liste von zu begrüßenden Festgästen vorzu-
stellen vergessen hatte, unter bloßer Nennung des Familienna-
mens, da er offenbar auch den Vornamen des Vortragenden vergessen hatte, mit der Ankündigung, dieser werde nun aus dem Text
„Bernhard Minetti geht baden" lesen, ans Rednerpult. (Die Nennung eines falschen Buchtitels ist ebenfalls im Text beschrieben).
Die Mutationen des Bernhard Minetti fanden damit noch kein
Ende.
Nach einer Information der Büchereileiterin gab es nämlich am
nächsten Tag eine verstärkte Nachfrage nach den Büchern von R.
H. Eine Leserin wünschte dabei das Buch „Bernhard Minetti geht
duschen".

---

[1] Für die sachdienlichen Hinweise, die zum Verfassen dieses Textes führten,
bin ich Frau Krystina Trubicki von der Bücherei Traun zu Dank verpflichtet.

Walding-Jörgensbühl, Djúpivogur, Ebensee-Roith, Habři, Wien-Hietzing, Spičak, Schlatt, Longyearbyen, 2002–2003.

Rudolf Habringers Satiren im Buchverlag Steinmaßl

Dieter Bohlen kommt zur Krippe € 14,50

„Man darf sich nicht wundern, wenn neben der heiligen Familie, den Engeln, Hirten und Königen plötzlich Dieter Bohlen auftaucht, um gegen Franz Beckenbauer um die Gunst von Verona Feldbusch-Pooth zu buhlen. Denn Weihnachten spielt sich im Casting-Container ,Big Father' ab – die Niederkunft von Gottes Sohn ist nebensächlich. Wesentlich ist, wer bei diesem Mega-Event dabei ist! *Kronen Zeitung*

Bernhard Minetti geht turnen € 16,50

Das Bemerkenswerte an Habringers Werken: Sie sind nicht nur witzig, sie haben auch beachtlichen literarischen Wert. So hätte Bernhard geschrieben, wenn seine vis comica über seinen Zorn die Oberhand behalten hätte. Habringer erweist sich mithin als ein Spaßmacher der hohen Kunst, dessen Satzkonstruktionen ein ebensolcher Genuss sind wie die Pointen, die sie enthalten. Im Prinzip eine einfache mathematische Gleichung: das Beste aus Farkas „Bilanzen" und Bernhards Romanen ergibt Habringer. *Andreas Pittler, Wiener Zeitung*

Hansi Hinterseer lernt singen € 16,50

„Manchmal will das Lachen nicht aus dem Hals heraus, weil da Bilder und Facetten des Menschseins entstehen, die uns kein Fernsehgerät zu zeigen vermag. Dass Habringer über ein starkes komödiantisches Talent verfügt, dass er mit seiner Schreibhand geradezu geniale Satiren aufs Papier zu bannen vermag, wissen wir definitiv seit einem Jahr." *Andreas Tiefenbacher, Die Furche, 11. 1. 2001*

Michael John, Franz Steinmaßl (Hg.)

... wenn der Rasen brennt

100 Jahre Fußball in Oberösterreich

Die Gründung des LASK 1908 bedeutet auch den Beginn des organisierten Fußballs in Oberösterreich. Dieses ungewöhn-liche Fußball-Buch beinhaltet die Geschichte des Fußballs in unserem Lande. Darüber hinaus haben fußballbegeisterte Literaten wie Erich Hackl, Peter Huemer, Rudolf Habringer uva. zahlreiche Texte beigesteuert. Zahlreiche Berichte und Reportagen sind dem Fußball im Unterhaus gewidmet, ebenso dem Frauenfußball, der Fanszene und den Randgebieten dieses Sports, also eigentlich jenen Örtern, aus denen der Fußball seine Leidenschaft und seine Faszination bezieht.

Geb. Großes Format A4, 470 Seiten, € 29,50

Walter Kohl

Die dunklen Seiten des Planeten

Rudolf Gelbard, der Kämpfer

Rudi Gelbard, geboren 1930, erlebte in Wien eine spannende und behütete Lausbuben-Kindheit in einer jüdischen Großfamilie. Die Idylle brach im Jahr 1938 mit dem Einmarsch der Nationalsozialisten.

1942 kam Gelbard mit seiner Familie in das KZ Theresienstadt. Die Familie überlebte, weil seine Mutter in einer kriegswichtigen Produktion eingesetzt war. Bei der Befreiung des Lagers 1945 lebten von den etwa 10.000 Kindern, die zeitweise dort gelebt hatten, noch 1633 – unter ihnen Rudi Gelbard. 19 andere Mitglieder seiner Großfamilie waren ermordet worden. Das Kind Gelbard war im KZ „Zionist sozialdemokratischer Prägung" geworden, wie er es selbst nennt. Ein ständiges Wirken in diesem Sinne, angetrieben von glühendem Antifaschismus, bestimmte sein Leben bis herauf in die Gegenwart.

Geb., ca. 260 Seiten, € 24,50